PC MISE À NIVEAU ET DÉPANNAGE POUR LES NULS

PC
MISE À NIVEAU ET DÉPANNAGE
POUR
LES NULS

Andy Rathbone

FIRST
Interactive

PC Mise à niveau et dépannage pour les Nuls

Publié par
Wiley Publishing, Inc.
909 Third Avenue
New York, NY 10022

Pour les Nuls est une marque déposée de Wiley Publishing, Inc.
For Dummies est une marque déposée de Wiley Publishing, Inc.
Collection dirigée par Jean-Pierre Cano
Edition : Pierre Chauvot
Maquette et mise en page : Edouard Chauvot
Traduction : Tellig

Edition française publiée en accord avec Wiley Publishing, Inc.
© 2003 par Éditions First Interactive
27, rue Cassette
75006 Paris - France
Tél. 01 45 49 60 00
Fax 01 45 49 60 01
E-mail : firstinfo@efirst.com
Web : www.efirst.com
ISBN : 2-84427-518-4
Dépôt légal : 4e trimestre 2003

Imprimé en Italie

Sommaire

Introduction

À la différence des techno-mômes qui pullulent de nos jours, vous n'avez sans doute pas grandi avec un ordinateur dans la tête. Ce livre s'adresse à tous ceux qui ont peur d'ouvrir leur ordinateur ou qui défaillent à l'idée d'installer un nouveau matériel.

Vous avez entre les mains un ouvrage qui s'intéresse aux opérations de maintenance et de mise à jour, à l'utilisation de Windows XP (et à son installation), aux tests de fonctionnement, à l'ajout d'un disque dur, au remplacement de la carte vidéo, à la mise en place d'un pare-feu, à l'augmentation de la mémoire vive, etc.

Autrement dit, ce livre présente les actions de maintenance matérielle et logicielle les plus fréquentes auxquelles sont confrontés les utilisateurs.

Par où commencer ?

Vous pouvez commencer par le chapitre qui répond à votre besoin immédiat. Chaque chapitre présente les solutions disponibles avec des conseils d'achat. Suit une description illustrée du mode opératoire permettant d'installer le composant ou le logiciel.

Paragraphes incontournables

Si vous avez de la chance et si votre machine fonctionne parfaitement, vous n'aurez pas besoin de lire ce livre en entier. Limitez-vous au chapitre qui traite du domaine qui vous intéresse. Cependant, si les choses ne se passent pas comme prévu, aidez-vous du livre pour découvrir ce qui ne va pas et décider si la machine est réparable, améliorable ou si elle est bonne à recycler.

Le texte est émaillé de nombreux conseils et avertissements pour vous éviter tout faux pas.

Des paragraphes d'astuces sont parsemés tout au long du livre. Lisez-les en premier. Certains peuvent vous éviter de devoir lire plus d'un paragraphe ou deux. Dans un livre d'informatique, moins vous devez lire, mieux c'est !

Structure du livre

Le livre est structuré en sept parties de plusieurs chapitres chacune. Chaque chapitre est consacré à un domaine bien défini.

Première partie : Dépannage de base

Nous commençons par vérifier que votre PC est bien protégé au moyen des mécanismes fournis en standard avec votre système d'exploitation pour se réparer tout seul (Chapitre 1). Puis nous nous penchons sur les périphériques incontournables de tout PC : le clavier et la souris (Chapitre 2), l'écran (Chapitre 3) et l'imprimante (Chapitre 4).

Deuxième partie : La face cachée du PC

Les ingrédients les plus mystérieux de votre PC sont habituellement cachés sous le capot de l'unité centrale. Armés d'un tournevis, nous allons partir pour un safari technologique en découvrant tour à tour l'alimentation (Chapitre 5), les cartes d'extension (Chapitre 6), la mémoire (Chapitre 7) et les disques durs (Chapitre 8).

Troisième partie : Les outils du plaisir

Nous présentons ici les périphériques externes et les connexions aux appareils électroniques de loisirs. Nous verrons comment brancher un caméscope pour faire du montage vidéo (Chapitre 9), comment ajouter un numériseur "scanneur" (Chapitre 10) ou exploiter un lecteur audio MP3 et s'équiper d'une carte son (Chapitre 12). Les lecteurs/graveurs de CD et de DVD sont disponibles en version externe et se branchent sans même éteindre le PC (Chapitre 11).

Quatrième partie : Communications et réseaux

Un bon PC est un PC ouvert sur le monde extérieur. Dans cette partie, vous connecterez votre machine à Internet, via un modem classique ou ADSL (Chapitre 13). De plus en plus de foyers sont dotés de plus d'un PC et il est intéressant de les interconnecter dans le cadre d'un réseau local, qu'ils soient sous Windows XP ou une autre version (Chapitre 14). Enfin, comme il n'y a pas d'ouverture au monde sans risques, nous verrons quels outils sont livrés avec Windows XP pour vous protéger des envahisseurs, et notamment son logiciel pare-feu (Chapitre 15).

Cinquième partie : Installation et dépannage de Windows XP

S'il y a un vrai nul dans cette histoire, c'est votre ordinateur lorsqu'il ne parvient pas à reconnaître votre nouveau périphérique. Tous les chapitres de cette partie s'évertuent à résoudre les problèmes posés par Windows XP, à trouver les pilotes de périphériques adaptés, et à faire migrer les paramètres et les programmes de votre ancien ordinateur sur une nouvelle machine équipée de Windows XP.

Sixième partie : Dépannage logiciel

En temps normal, la partie matérielle de votre ordinateur fonctionne bien. C'est plus souvent les logiciels qui créent des soucis. Nous verrons dans les Chapitres 19 et 20 comment dépanner le système Windows XP et quelles sont les incompatibilités matérielles et logicielles. Si vous êtes la cible d'un virus, nous vous montrerons comment réagir (Chapitre 21). Enfin, comme vous n'aurez jamais trop d'aide, nous vous donnerons quelques astuces pour trouver des informations relatives à vos problèmes, notamment via des recherches sur Internet (Chapitre 22).

Septième partie : Les dix commandements

Nous avons réuni des références pratiques dans la dernière partie qui clôt par tradition tout livre de la collection "Pour les nuls". Vous y trouverez des conseils de dépannage, des outils de mise à jour et des conseils généraux.

Pictogrammes de marge

Désigne une astuce ou un conseil pour gagner du temps.

Rappelle une notion importante dont la connaissance est obligatoire pour bien comprendre la description en cours.

Mise en garde à ne pas négliger. Correspond à une opération à faire absolument ou jamais, comme ôter le capot de l'unité centrale sans avoir éteint et débranché le PC d'abord.

Remarque spécifique à la version XP de Windows.

Les réparateurs automobiles trouvent les passages les plus importants dans leurs manuels d'entretien en ouvrant les pages qui comportent le plus de traces de cambouis. Faites un peu de même en vous servant des icônes comme indices.

Que lire ensuite ?

Si vous avez besoin de plus d'informations au sujet de Windows, cherchez dans la même collection "Pour les nuls" les titres qui traitent de votre version de Windows (XP, Me ou 98).

Vous êtes prêt ? Munissez-vous d'un tournevis cruciforme et plongez dans les entrailles de votre PC !

Première partie

Dépannage de base

"Je peux en savoir des choses en lisant votre C.V. Vous êtes de formation supérieure, attentif aux détails et vous avez une imprimante de très petit format."

Dans cette partie...

Cette partie se penche sur les actions élémentaires que vous devez prendre le temps de faire, et que vous devrez réitérer périodiquement.

Chapitre 1

Mieux vaut prévenir...

Dans ce chapitre :

- Quand mettre à jour.
- Quand ne pas mettre à jour.
- Inventaire des composants de la machine.
- Mise à jour Windows Update.
- Restauration système.

Nous commençons avec un des chapitres auxquels nous ferons le plus référence dans la suite. Windows XP et Windows Me savent se réparer seuls, mais il faut que les fonctions décrites ici soient activées. Nous en profiterons pour apprendre à dresser l'inventaire de la machine, afin de vérifier qu'elle satisfait aux conditions requises écrites sur les emballages des logiciels et des périphériques.

Savoir quand il faut mettre à jour

Mettre à jour son ordinateur sert à le rendre plus performant ou plus sûr ou bien à en élargir la palette de possibilités.

Passez en revue les points suivants pour déterminer si vous devez procéder à une mise à jour ou acquérir un nouveau matériel ou logiciel :

- **Votre système d'exploitation le demande :** Cela concerne Windows XP. Votre machine vous dira plus souvent que nécessaire qu'il faut télécharger des correctifs. Microsoft dresse la liste des contraintes système à l'adresse `www.windowsxp.com`. Pour simplifier les choses, le programme d'installation de Windows XP sur le CD génère une liste de tous les éléments que vous devez mettre à jour.

Demandez à un ami de vous prêter son CD original de Windows XP et insérez-le dans le lecteur de votre machine. (Ignorez l'avertissement "Activation" qui ne vous concerne pas ici.) Dès que vous voyez le menu d'installation de Windows XP, choisissez l'option de test de compatibilité et suivez les instructions. Un programme va démarrer pour fouiller les entrailles de votre PC et dresser la liste de toutes les choses suspectes qu'il aura détectées. Imprimez cette liste et conservez-la pour plus tard (le programme sauvegarde la liste dans un fichier nommé `upgrade.txt` dans le dossier Windows du disque C:).

- **Votre PC commence vraiment à être lent :** Sous Windows, à chaque frappe d'une touche, vous attendez. A chaque clic d'un bouton, le pointeur en forme de sablier se montre insistant. Si vous commencez à réfléchir plus vite que la machine, songez à ajouter de la mémoire vive et optez pour une carte vidéo plus puissante.
- **Vous n'avez pas le budget pour une nouvelle machine :** Si vous manquez d'argent, achetez vos composants un à un. Commencez par augmenter la mémoire. Synchronisez vos dates d'achat sur les promotions. Lorsque vous achetez une nouvelle machine, gardez ce qui peut l'être de l'ancienne (souvent l'écran et tous les composants assez récents).
- **S'il n'y a plus de place sur le disque dur :** Lorsque votre disque commence à émettre sans cesse des messages de saturation, vous avez trois possibilités :
  - Commencez par désinstaller les programmes qui ne vous servent plus.
  - Achetez un plus gros disque dur.
  - Achetez un disque externe pour y restocker tous vos fichiers de secours. (Nous présentons dans le Chapitre 8 les disques externes FireWire et USB 2.0 qui ne requièrent même pas d'ouvrir le boîtier de l'ordinateur.)
- **Si vous êtes intimidé à l'idée d'ouvrir la machine :** Une mise à jour de PC ne suppose pas nécessairement d'ouvrir le boîtier de l'unité centrale. De nos jours, de nombreux composants existent en version externe : lecteurs et graveurs de CD, disques durs, lecteurs de disquettes et de cartes mémoire, clés mémoire, cartes son, etc. Les nouveaux bus USB et FireWire assurent des performances largement suffisantes aux périphériques externes.

Savoir quand il ne faut pas mettre à jour

Parfois, il vaut mieux ne pas essayer de réparer soi-même. Bas les pattes dans les cas suivants :

- **En cas de panne sous garantie :** Si la pièce qui tombe en panne est encore sous garantie, laissez le *constructeur* réparer.
- **Un week-end :** Ne tentez rien d'important sur votre machine un vendredi après-midi. Lorsque vous constaterez qu'il manque une toute petite pièce, les magasins seront fermés et vous serez à la diète jusqu'au lundi matin.
- **Si votre machine doit à nouveau être en état dans une heure :** Il en va comme pour le réaménagement d'une cuisine. Comptez le double du temps théorique prévu.
- **Si votre ordinateur est assez vieux pour entrer dans un musée :** Vous ne pouvez pas mettre à jour dans tous les cas. Si votre machine est un XT, un AT ou une machine basée sur un processeur 386, 486, Pentium ou Pentium II, vous en aurez pour moins cher en achetant une nouvelle machine plutôt qu'en tentant de maintenir en vie un dinosaure en perdition.
- **Si vous n'avez pas encore optimisé vos logiciels :** Votre machine n'a peut-être pas besoin de nouveaux composants onéreux pour fonctionner plus vite, mais seulement de logiciels plus récents.

Faire l'inventaire de la machine

Comment savoir ce que votre machine a dans le ventre ?

Windows a pitié des utilisateurs en offrant un outil qui dresse l'inventaire précis de votre machine sans avoir à l'ouvrir. Commencez par vérifier le nom technique de votre version de Windows, l'identité exacte du processeur (CPU) et la quantité de mémoire installée (RAM).

Certains lecteurs se demandent peut-être à quoi bon connaître ces détails. Sachez que lorsque vous partez acquérir un nouveau périphérique ou un nouveau logiciel, le produit est vendu en fonction d'une configuration minimale requise. La liste imprimée en général sur la tranche ou le dos de l'emballage détaille ce dont votre ordinateur doit être doté pour tirer parti du nouveau composant ou programme. Si votre machine n'y satisfait pas, réfléchissez avant d'investir, car la configuration minimale requise n'est pas un vain mot, d'autant qu'elle est souvent suivie d'une seconde liste : la configuration conseillée pour une utilisation confortable.

De plus, méfiez-vous : la quasi-totalité des revendeurs refusent de reprendre un logiciel, même s'il ne fonctionne pas du tout sur votre machine. Certains refusent même les produits dont l'emballage *n'a même pas été ouvert*. Vérifiez avec le magasin avant de payer.

Connaître la version de Windows, le processeur et la mémoire

Il existe maintenant de nombreuses versions de Windows que l'on identifie comme ceci :

1. **Cliquez-droit sur l'icône Poste de travail et choisissez Propriétés.**

   L'icône *Poste de travail* se trouve normalement en haut à gauche du bureau. Sinon, ouvrez le menu **Démarrer** et choisissez **Paramètres**, puis **Panneau de configuration**, et enfin **Système**. La boîte de dialogue est illustrée Figure 1.1. L'onglet Général de cette boîte Propriétés système permet de savoir que la machine est sous Windows XP Edition familiale sur un AMD Athlon XP 2600 (donc 2,13 GHz) doté de 512 Mo de mémoire.

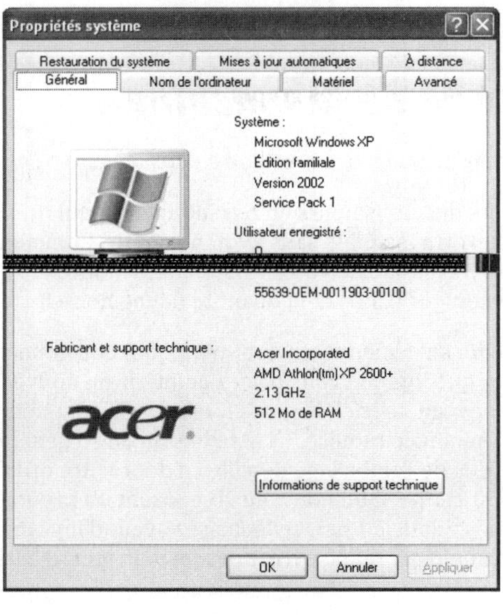

Figure 1.1 : Informations sur votre système.

- L'onglet *Général* de la boîte de dialogue indique le numéro exact de la version du système (ici, il a reçu le correctif SP1), le nom de l'utilisateur enregistré et la fréquence du processeur.

2. **Cliquez sur OK pour refermer la boîte Propriétés système.**

Identifier tous les composants de l'ordinateur

La mise à niveau d'un ordinateur exige souvent de connaître des détails sur les périphériques : modèle de la carte vidéo et version de son pilote, ou encore marque et modèle du lecteur de DVD. Pour obtenir ces informations sous Windows :

1. **Cliquez-droit sur l'icône Poste de travail et choisissez Propriétés.**
2. **Cliquez sur l'onglet Matériel puis sur le bouton Gestionnaire de périphériques.**

   Pour une version plus ancienne de Windows, cliquez directement sur le bouton **Gestionnaire de périphériques**. Vous accédez à la fenêtre du gestionnaire (Figure 1.2).

3. **Pour accéder aux détails d'une catégorie, cliquez sur le signe +.**

   Pour connaître le modèle de votre carte vidéo, cliquez sur le signe + de la ligne **Cartes graphiques**. Vous accédez ainsi au nom de la carte (Figure 1.2).

   - **Dépannage :** Double-cliquez sur la ligne du composant qui vous intéresse pour accéder à une boîte de dialogue dans laquelle Windows affiche les noms des fichiers du pilote avec les numéros de versions. En cas de problème de pilote, cliquez sur le bouton **Résoudre les problèmes**. Windows vous guide à travers les étapes permettant de corriger la situation.

   - **Désinstaller un pilote et remettre l'ancien en place :** Cette opération peut vous sauver la mise. Si vous avez installé un nouveau pilote qui aggrave en fait la situation, cliquez sur l'onglet **Pilote** de ce matériel, puis cliquez sur le bouton **Revenir à la version précédente** (Figure 1.3).

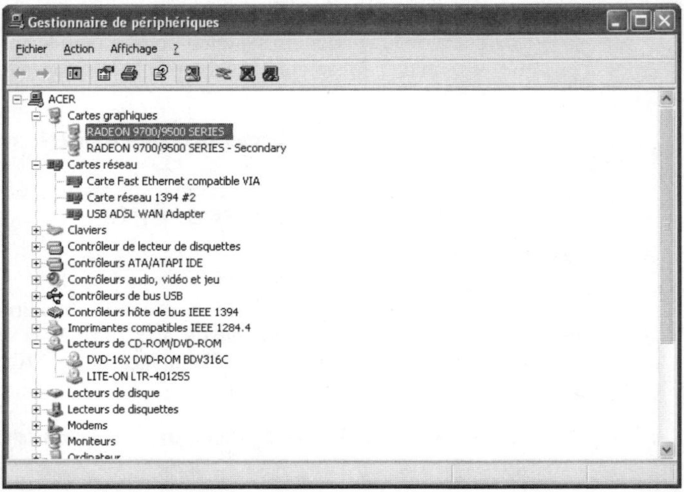

Figure 1.2 : La fenêtre du Gestionnaire de périphériques permet de tout savoir sur les composants de votre ordinateur.

Figure 1.3 : Le bouton Revenir à la version précédente est utile lorsque le nouveau pilote ne tient pas ses promesses.

Activation de Windows Update

Pour que votre ordinateur puisse profiter des dernières innovations d'un système d'exploitation et des pilotes de périphériques, vous devez disposer de l'outil de mise à jour de Windows. Microsoft Windows Update analyse régulièrement votre ordinateur pour savoir s'il est devenu vulnérable aux plus récentes failles de sécurité. Lorsque c'est le cas, l'outil récupère automatiquement le correctif approprié.

Le site Web de Windows Update (`www.windowsupdate.com`) présente les correctifs en plusieurs catégories. Installez *toujours* les propositions de la catégorie **Critique** (*Critical*), car ce sont des correctifs relatifs à la sécurité. Ceux des autres catégories sont facultatifs et vous déciderez selon la relation qu'ils peuvent avoir avec votre problème.

Voici comment vérifier l'activation de Windows Update :

1. **Cliquez-droit sur Poste de travail et choisissez Propriétés.**
2. **Cliquez sur l'onglet Mises à jour automatiques (Figure 1.4).**

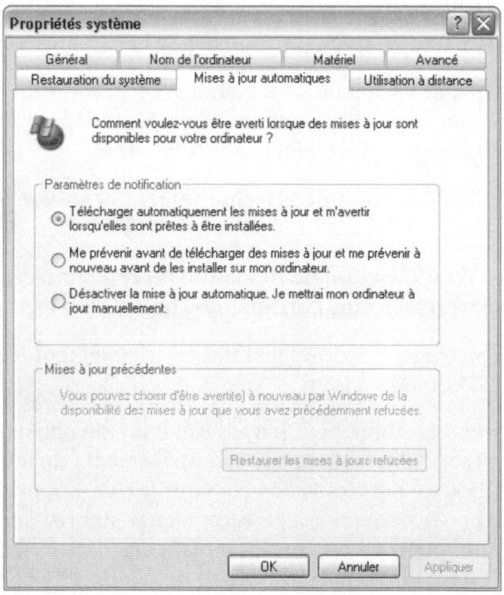

Figure 1.4 : Choisissez parmi les options de cet onglet pour profiter du mécanisme de mise à jour automatique de Windows XP.

3. **Choisissez Télécharger automatiquement les mises à jour et m'avertir lorsqu'elles sont prêtes à être installées.**

   Dorénavant, Windows XP consultera le site de Windows Update dès que vous serez connecté à Internet (de façon transparente en tâche de fond). Dès qu'un correctif vous concernant est repéré, il le récupère et place un petit témoin dans le coin droit de la barre des tâches près de l'horloge pour vous en avertir.

Vous ne vous fiez pas aux programmes automatiques ? Voici comment aller vérifier vous-même sur le site de Windows Update. (Et c'est applicable aussi bien à Windows 98 qu'à Windows Me en plus de Windows XP.)

1. **Démarrez Internet Explorer, et choisissez la commande Windows Update du menu Outils.**

   La commande Windows Update est souvent ajoutée au menu Démarrer.

2. **Sur le site Windows Update, choisissez le lien Mise à jour des produits.**

   Répondez par Oui si Windows vous demande une autorisation. Le site va alors analyser votre machine pour trouver des failles. Ensuite, il propose des correctifs et des mises à jour.

3. **Choisissez tout ce qui est proposé par la catégorie Critique.**

   Parfois, Windows demande d'installer les fichiers un par un en redémarrant la machine à chaque fois. Mais dans d'autres cas, tout peut être installé en une seule opération.

4. **Cliquez sur le bouton de téléchargement et suivez les instructions.**

5. **Lorsque Windows Update demande de redémarrer, cliquez sur Démarrer, Arrêter l'ordinateur, puis Redémarrer.**

   Au redémarrage, Windows installe éventuellement d'autres correctifs et mises à jour.

La mise à jour automatique peut paraître une bonne chose. Toutefois, certains utilisateurs remarquent des ralentissements de leur machine après l'installation de correctifs. Si cela vous arrive, supprimez de votre système la dernière mise à jour, ou bien restaurez l'ordinateur en choisissant un point de restauration où la machine fonctionnait parfaitement. En tant qu'utilisateur averti de Windows, je ne laisse jamais le système d'exploitation se mettre à jour automatiquement.

Contrôle de l'activité de la restauration système

L'outil de restauration système System Restore est disponible sous Windows Me et Windows XP. Il permet de ramener la machine dans un état antérieur stable en supprimant toutes les modifications ultérieures.

Lorsqu'il fonctionne bien, le mécanisme de restauration système crée des points de restauration périodiques qui décrivent la configuration du système au moment de l'opération. Plus vous stockerez de points de restauration, plus vous pourrez revenir dans l'historique de Windows quand l'état actuel du système ne sera plus satisfaisant.

ATTENTION !

Si vous avez été infecté par un virus, ne vous avisez surtout pas de créer un point de restauration. Vous devez même supprimer les points de restauration ultérieurs à l'infection. Attendez que la machine soit désinfectée. Vous risqueriez de réintroduire le virus sauvegardé avec le point de restauration. Nous reparlons des virus au Chapitre 21.

Configuration de la restauration système sous Windows XP

WINDOWS XP

Voici comment vérifier sous Windows XP le bon fonctionnement de la restauration du système :

1. **Cliquez-droit sur l'icône Poste de travail et choisissez Propriétés.**

   L'icône **Poste de travail** se trouve normalement sur le bureau ou bien dans le menu **Démarrer**. Vous accédez ainsi à la boîte des propriétés du système (Figure 1.1).

2. **Cliquez sur l'onglet Restauration du système.**

   Vous pouvez ainsi vérifier l'état du mécanisme (Figure 1.5).

Si vous ne voyez pas la mention *Surveillance* (comme dans la Figure 1.5), c'est que la fonction est inactive. Pour la réactiver, exécutez les opérations suivantes :

- Décochez si nécessaire la case **Désactiver la restauration du système**.

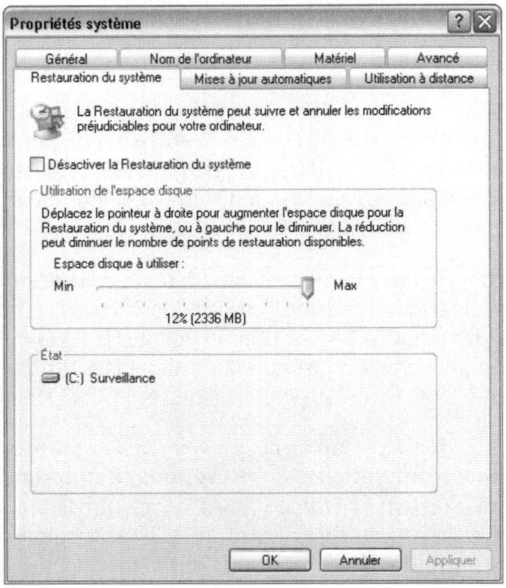

Figure 1.5 : La restauration du système est en activité pour tous les disques suivis de la mention *Surveillance*.

- Si vous avez plusieurs disques ou partitions, cliquez sur la ligne du disque C: puis sur le bouton de configuration. (Si vous n'avez qu'une partition, vous voyez directement la jauge de configuration.) Si vous avez beaucoup d'espace libre sur ce disque, faites glisser le curseur en butée à droite (Figure 1.6). Dans cette position maximale, la fonction peut sauvegarder jusqu'à trois mois de points de restauration, ce qui est pratique si le jeu que vous avez installé voici quelques semaines semble être la cause d'une instabilité du système.

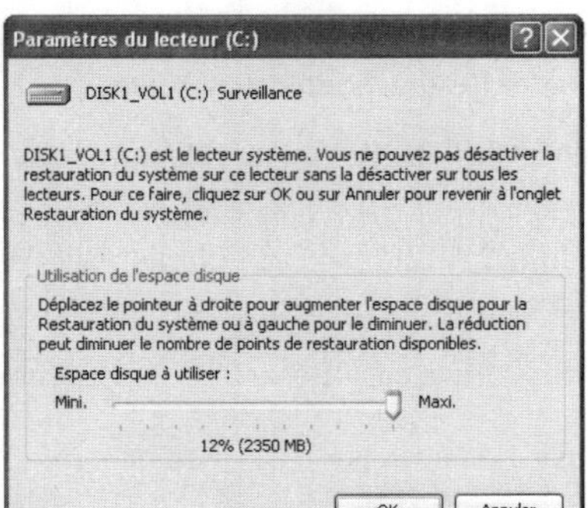

Figure 1.6 : En amenant le curseur de réglage en butée à droite, vous permettez à la fonction de restauration système de créer le plus de points possible.

- Si le système vous répond que le disque dur n'offre pas assez de place pour créer des points de restauration, vous devez faire du ménage. Il lui faut en effet au moins 200 Mo d'espace libre. Ouvrez la boîte de dialogue *Poste de travail* puis cliquez-droit sur l'icône du disque C et choisissez **Propriétés**. Dans l'onglet *Général*, cliquez sur le bouton **Nettoyage de disque** et suivez les instructions pour que Windows supprime les fichiers temporaires et inutiles (y compris certains vieux points de restauration si vous cochez la case correspondante).
- Si vous exploitez plusieurs disques ou partitions, le mécanisme peut se désactiver même si vous avez assez d'espace sur le disque C parce que la place manque sur un autre disque (moins de 200 Mo). Vous pouvez manuellement désactiver la fonction sur les autres disques, car c'est surtout sur le disque système C qu'elle est indispensable.

N'OUBLIEZ PAS

- Vous accédez à l'outil de restauration système par **Aide et support** du menu **Démarrer** (dans le style XP). N'hésitez pas à créer des points de restauration manuels. Par exemple, juste avant d'installer un nouveau programme pour apprendre à peler les carottes, créez un point que vous nommerez "AVANT CarotteMania". Si le programme rend votre système instable, il suffira de restaurer ce point.
- Si la restauration système ne fonctionne toujours pas alors qu'elle le devrait, notez les messages d'erreur éventuels et allez consulter la base de connaissances *Microsoft Knowledge Base* décrite au Chapitre 22. System Restore souffre de nombreuses petites imperfections que cette base explique en détail.

Configuration de la restauration système sous Windows Me

Si vous possédez Windows Me, procédez ainsi pour vérifier que le mécanisme de restauration système est bien en place :

1. **Dans le menu Démarrer, allez dans les Paramètres choisir le Panneau de configuration et sélectionnez Système.**
2. **Dans la boîte Propriétés Système, cliquez sur l'onglet Performances puis sur le bouton Système de fichiers.**
3. **Cliquez sur l'onglet Dépannage et vérifiez que la case Désactiver la restauration du système n'est pas cochée.**

Si la restauration refuse de se réactiver, c'est sans doute que vous n'avez plus assez d'espace sur le disque dur. Dans *Poste de travail*, essayez de cliquer sur l'icône du disque C, choisissez Propriétés, puis cliquez sur le bouton **Nettoyage du disque**. Suivez les instructions pour purger le disque de tous les fichiers inutiles, y compris les anciens points de restauration, si vous cochez la case correspondante.

Vous êtes équipé de Windows 98 ou 95 ? Il n'y a pas de fonction de restauration intégrée au système par Microsoft. En revanche, vous trouverez des outils équivalents dans le commerce, mais cela peut être plus onéreux que la mise à jour du système.

Chapitre 2

Claviers, souris et manettes

Dans ce chapitre :

- Les périphériques d'entrée fondamentaux d'un PC.
- Remplacement d'un clavier, d'une souris ou d'une manette de jeu sur une machine ancienne ou récente.
- Configuration d'un clavier, d'une souris ou d'une manette sans fil.
- Réparation d'une souris ou d'une manette.

Mise à jour du clavier

Les claviers sont relativement solides, mais certaines actions ou événements peuvent les anéantir.

Installation d'un nouveau clavier

Niveau de QI : 70

Outils requis : Une main ; une lampe de poche si le PC est dans l'ombre.

Coût : A partir de 10 euros et jusqu'à plus de 100 euros pour un clavier ergonomique sans fil.

Voici comment installer un nouveau clavier :

1. **Sauvegardez tous les travaux en cours, quittez les applications et arrêtez la machine.**

   N'essayez pas de débrancher votre clavier PS/2 sous tension !

2. **Une fois la machine éteinte, débranchez le connecteur du clavier à l'arrière de l'unité centrale.**

Si le connecteur est rectangulaire et porte un symbole en forme de fourche, c'est un connecteur USB.

Un connecteur rond et petit est un connecteur de style PS/2 plus ancien.

3. **Achetez le clavier de remplacement USB ou PS/2.**

4. **Branchez le nouveau clavier au port approprié.**

USB : L'insertion est facile. Si cela ne rentre pas, essayez dans l'autre sens.

PS/2 : Regardez la disposition des broches sur la prise et celle des trous de l'embase. Elles doivent correspondre. Branchez bien le petit connecteur PS/2 sur le port légendé par une icône de clavier ; celui de la souris ne convient pas. Enfoncez bien la prise.

5. **Rallumez votre ordinateur.**

Si la machine ne se plaint pas et si le clavier est accepté, tout va bien. Dans le cas d'un clavier à connecteur PS/2, vous avez terminé.

6. **Si nécessaire, installez le logiciel de gestion du clavier.**

Les claviers sophistiqués requièrent une partie logicielle sous forme d'un pilote. Insérez le CD et cliquez sur **Setup** ou **Installer**.

Si Windows se met à chercher les fichiers de pilotes, insérez le CD-ROM livré avec le clavier, puis cliquez sur OK. (Nous donnons de nombreuses informations au sujet des pilotes au Chapitre 16.)

7. **Réglez les paramètres du clavier sous Windows.**

Ouvrez le Panneau de configuration. (Si vous voyez des catégories, choisissez **Imprimantes et autres périphériques**.)

Cliquez sur l'icône **Clavier** pour ajuster les paramètres.

Pour un clavier sans fil, connectez le récepteur à l'ordinateur. (Certains récepteurs doivent en outre être reliés au secteur.) Le cas échéant, vérifiez que le clavier est doté de piles neuves et installez les logiciels requis ; le récepteur devrait commencer à transmettre des signaux à la machine. Les modèles infrarouges supposent que la ligne optique entre clavier et récepteur soit libre de tout obstacle. Les modèles à ondes radio vous laissent entasser votre cyber-fouillis personnel sans interrompre les capacités de transmission.

TRUC

Dotez-vous d'un support de poignet pour limiter la crispation et le fameux syndrome du canal carpien. Il s'agit d'un petit bloc mou empli de gel spécial.

Adoptez une nouvelle souris

Le terme technique pour souris est "périphérique de pointage". Toutes les souris fonctionnent sur le même principe : une action de déplacement de l'objet matériel entraîne un déplacement du pointeur visuel sur l'écran. Ce pointeur (à ne pas confondre avec le curseur affiché pour la saisie de texte) permet de désigner un endroit à l'écran. Il suffit alors d'enfoncer un bouton de la souris pour déclencher une action selon la position du pointeur.

Pendant des années, les souris ressemblaient toutes à un bloc de savon entamé. Elles avaient deux boutons et le câble qui constituait leur longue queue sortait entre leurs deux yeux. De nos jours, suite à de nombreuses mutations, il existe bien des modèles différents de souris. A lui seul, Microsoft en propose 12 variantes et le challenger Logitech presque 20.

Installation et remplacement d'une souris USB, PS/2 ou série

Niveau de QI : 80 à 100 selon la configuration et l'âge de la machine.

Outils requis : Une main et éventuellement une lampe-torche.

Coût : Entre 10 et 100 euros.

Points à surveiller : Presque toutes les souris sont conçues pour fonctionner sous Windows. Si vous en cherchez une pour Windows XP, visitez d'abord le site Web du constructeur pour vérifier qu'il a déjà produit les logiciels pilotes pour Windows XP. (Vous trouverez rarement les pilotes les plus récents dans la boîte de la souris en raison des délais de production et de transport.)

Pour remplacer ou ajouter une souris, procédez ainsi :

1. **Eteignez votre ordinateur.**

Pensez à quitter d'abord les applications en cours.

2. **Repérez le connecteur actuellement utilisé pour votre souris (et achetez une souris qui se branche au même endroit).**

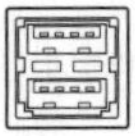

USB : La plupart des machines actuelles offrent plusieurs de ces prises rectangulaires derrière et devant.

PS/2 : La plupart des machines possèdent une ou deux de ces prises rondes avec un symbole de souris et un autre de clavier. Vous pouvez abandonner cette technologie pour passer à une souris USB si votre machine possède des ports USB.

3. **Insérez le connecteur de la nouvelle souris au bon endroit.**

USB : Ce connecteur doit s'enficher aisément. Si ce n'est pas le cas, tournez le connecteur de 180° avant de réessayer.

PS/2 : Cherchez le petit connecteur rond PS/2 flanqué d'un symbole de souris. Celui du clavier n'est pas utilisable ; il ne va pas détruire la souris, mais ne permettra pas de l'utiliser. Vérifiez que les broches sont bien alignées avec les trous avant d'enfoncer fermement.

4. **Si nécessaire, exécutez le programme d'installation de la souris.**

Windows propose en général d'installer un pilote de base. Pour pouvoir profiter des fonctions évoluées, vous devez partir du CD-ROM de la souris. Si le programme d'installation ne démarre pas tout seul, accédez au lecteur de CD qui le contient, cherchez un fichier SETUP, et lancez son exécution.

Si Windows fait le difficile et refuse d'accueillir votre petite protégée, foncez au Chapitre 16 qui dit tout sur les pilotes.

Le fil de souris n'est pas assez long ? Vous pouvez acheter une rallonge souris USB ou PS/2 chez les revendeurs.

Certaines souris peuvent être branchées aussi bien en USB qu'en PS/2. Dans ce cas, optez pour le port PS/2, sauf si le port USB permet des fonctions supplémentaires.

Il vous faudra sans doute désactiver votre surface de pointage Touchpad ou votre boule TrackPoint après avoir branché la souris. La procédure varie d'un portable à l'autre. Parfois, l'option se trouve dans le groupe **Souris** du Panneau de configuration. Parfois, elle est dans les paramètres du BIOS. Parfois, c'est automatique.

Les gauchers peuvent permuter les deux boutons de souris par la page **Boutons** de la boîte **Souris** du Panneau de configuration.

Nettoyage du mécanisme d'une souris

Si le pointeur de souris se déplace de façon erratique, il est temps de nettoyer votre mulot. Un nettoyage tous les six mois est recommandé. Si la souris est optique, il suffit de passer un coup de chiffon sur la diode émettrice pour nettoyer la lentille.

Pour une souris classique à boule, c'est un peu plus long, car il faut lui ouvrir le ventre pour en extraire la boule afin d'enlever les saletés qui se sont collées aux galets :

1. **Mettez la souris le ventre à l'air et déverrouillez la petite trappe qui maintient la boule. Il faut soit tourner d'un quart de tour, soit repousser la trappe pour libérer l'ergot de maintien.**

   Normalement, une flèche gravée sur le plastique rappelle dans quel sens il faut agir.

2. **Remettez la souris sur le ventre pour laisser échapper la boule dans le creux de votre main.**

   En fait, souvent, ce sont deux choses qui tombent : la trappe et la boule.

3. **Posez la trappe dans un coin et commencez par nettoyer la boule. Posez-la et prenez le corps de souris en main. Soufflez (en fermant les yeux !) pour faire sortir les cheveux et poils d'animaux de la cavité.**

   Observez les galets d'entraînement. Ils sont certainement sales par endroits. Trouvez un coton-tige imbibé d'alcool (ou de savon liquide dilué dans de l'eau chaude), et frottez chaque galet en biais de sorte à le faire tourner pour pouvoir nettoyer toute sa surface. Il faut parfois forcer un peu, car les saletés sont bien incrustées.

   N'appliquez jamais d'alcool sur la boule elle-même, car cela peut détériorer le caoutchouc. Attendez que la boule et les galets soient secs avant de procéder au remontage.

4. **Replacez la boule dans son logement et posez la trappe sans oublier de la verrouiller.**

Ce nettoyage règle la plupart des problèmes des souris classiques. Mais si la souris se salit vite, c'est que le lieu de travail est sale ou poussiéreux.

Problèmes de souris sans fil folles

Si votre souris sans fil commence à faire ce qu'elle veut, commencez par changer les piles si elle en possède. Sur certains modèles, les piles sont dans la souris et d'autres dans le récepteur.

Si la liaison sans fil est infrarouge, vérifiez que le rayon ne rencontre pas d'obstacles entre souris et récepteur. Du fait que cette ligne optique est parfois le seul endroit libre sur le bureau, c'est là que l'on est tenté de déposer des objets.

Si la liaison sans fil est par ondes radio, la liaison ne souffre pas des obstacles visuels. (Mais les piles s'épuisent vite.)

Mise à jour d'une manette de jeu

Souvent dédaigné par les intellectuels, le port Joystick dans lequel se branchent les manettes de jeu est très apprécié des joueurs mais aussi des ingénieurs et des programmeurs. C'est en effet un canal de communication polyvalent et assez simple à programmer. Il sert à gérer des systèmes d'alarme, des moteurs électriques, des éclairages, des capteurs de pression, des télémètres à ultrasons et même des capteurs de Ph pour l'eau des piscines.

Mais la plupart des utilisateurs s'en servent d'abord pour tuer tout ce qui bouge à l'écran.

Installation d'une manette de jeu

Lisez d'abord la notice. Certains matériels supposent que le logiciel soit installé avant de brancher le contrôleur, alors que pour d'autres, c'est le contraire. Branchez ensuite le contrôleur au port USB (un seul sens possible). En cas de souci de pilote, reportez-vous au Chapitre 16.

Si votre manette ou votre manche est ancien, vous devrez le brancher dans le port Joystick.

Réparation d'une manette

Ce sont les acheteurs de jeux vidéo qui donnent le plus de fil à retordre aux services de support technique des éditeurs de logiciels. Les jeux cherchent à tirer le maximum de l'ordinateur, et leurs concepteurs exploitent souvent le PC dans ses plus secrets retranchements fonctionnels.

Un joueur frustré de ne pouvoir jouer avec ce qu'il vient d'acheter est difficile à calmer ; les constructeurs de contrôleurs et de manettes de jeu ont donc pris l'habitude de donner des descriptions détaillées sur leurs sites Web, notamment au niveau des dépannages possibles. Une astuce qui fonctionne pour un jeu ne sera pas pour autant valable pour un autre. Cherchez la section qui est consacrée au jeu qui vous intéresse.

Pour plus de sécurité, achetez une manette compatible avec vos jeux préférés.

Calibrage de la manette de jeu

Le principal problème d'utilisation d'une manette de jeu est lié à l'oubli du calibrage. Pour calibrer votre manette sous Windows, ouvrez le **Panneau de configuration** puis la catégorie **Contrôleurs de jeu**, cliquez sur **Propriétés** et suivez les instructions.

Une fois cela fait, démarrez votre jeu et accédez aux options pour procéder à un nouveau calibrage du périphérique.

Pour faire reconnaître une manette de jeu USB

Parfois, les jeux vidéo ne parviennent pas à détecter une manette de jeu USB. Suivez les conseils ci-dessous pour régler la plupart des problèmes qui surviennent lorsque Windows doit exploiter plus d'une manette de jeu.

1. **Quittez votre jeu et revenez au système Windows.**
2. **Dans le menu Démarrer, ouvrez Paramètres, puis Panneau de configuration.**

3. **Double-cliquez dans l'icône Contrôleurs de jeu.**

   Si vous subissez l'inutile présentation du Panneau de configuration par catégorie de Windows XP, cherchez l'icône **Contrôleurs de jeu** dans la catégorie **Imprimantes et autres périphériques**.

4. **Cliquez sur Paramètres avancés et sélectionnez votre périphérique.**

   Chaque contrôleur de jeu possède son numéro ID unique.

5. **Cliquez dans la ligne du contrôleur ID 1 et cliquez sur le bouton Modifier.**

6. **Dans la boîte de dialogue, cliquez dans la ligne du contrôleur USB désiré puis cliquez sur OK.**

   Si le contrôleur USB qui était géré sur le canal ID 1 est dorénavant sur un autre canal, cliquez dans la ligne appropriée. Cliquez ensuite sur le bouton **Modifier**, puis sur le bouton **Aucun** et enfin sur **OK**.

7. **Cliquez sur OK et refermez le Panneau de configuration.**

   Vous devriez pouvoir dorénavant utiliser cette manette.

Chapitre 3

Ecrans et cartes vidéo

Dans ce chapitre :

- Le vocabulaire de la vidéo des PC.
- Mise à jour vers un moniteur à écran plat.
- S'y retrouver dans les connexions numériques.
- Bien adapter l'écran à la carte vidéo.
- Réparer un écran qui ne s'allume pas.
- Les bruits suspects.

La plupart des termes informatiques sont rebutants : haute densité, pilote de périphérique, adaptateur vidéo, etc. C'est encore pire avec la notion d'affichage.

Dans ce chapitre, nous nous intéressons au périphérique le plus important puisqu'il en va de la santé de vos yeux.

Le jargon des écrans vidéo

L'écran a pour but d'afficher sous forme d'images les données qui se trouvent dans la carte vidéo et qu'elle lui transmet.

Les écrans

- **CRT :** Cet acronyme anglais signifie *Cathode Ray Tube* ou tube cathodique. Un écran CRT se base sur le même principe qu'une télévision classique, sauf que les images ne sont pas entrelacées (les télévisions affichent chaque image en deux fois).

- **Ecran plat :** Vous ne devez pas confondre les écrans traditionnels dont le tube a été rendu le plus plat possible avec les véritables écrans plats appelés LCD.
- **Ecran LCD :** Le terme LCD signifie *Liquid Crystal Display* ; il est traduit en français par "écran à cristaux liquides". Pour l'instant, les écrans LCD coûtent beaucoup plus cher que les écrans cathodiques, mais les prix chutent de manière vertigineuse. C'est cette technologie que l'on désigne aujourd'hui par "écran plat".

Paramètres de l'écran

- **Taille de l'écran :** Les fabricants ont tendance à gonfler la taille de la zone visible des écrans. Lorsque vous lisez une publicité pour un écran, lisez le texte en petits caractères pour connaître la zone d'affichage effective.
- **Pixel :** Correspond à un petit point élémentaire d'affichage. Une image informatique est une collection de milliers de petits points colorés. Vous devez connaître le nombre de pixels et surtout la taille de pixel, qui détermine la finesse de l'image (voir le point suivant).
- **Taille de point ou pas de masque (dot pitch) :** Distance entre deux points élémentaires. Plus cette valeur est petite, plus l'image est fine et précise. En règle générale, cherchez toujours un écran dont la taille élémentaire est de .28 ou inférieure.
- **Résolution :** L'écran construit l'image en la traitant sous forme de points élémentaires alignés au sein d'une grille, un peu comme un morpion gigantesque. Plus votre écran peut afficher de lignes et de colonnes (ainsi que votre carte vidéo), plus vous disposez d'une grande résolution. Vous pouvez ajuster la résolution au moyen du panneau de configuration de Windows. En général, vous choisirez la meilleure résolution disponible.

  TRUC

  Une résolution de 1 024 x 768 permet d'afficher 1 024 colonnes de pixels et 768 lignes de pixels. Même si vous branchez un écran dont c'est la meilleure résolution sur une carte vidéo qui est a priori capable d'une résolution encore supérieure (par exemple 1 152 x 864), l'écran vous limitera à sa capacité de 1024 x 768. (Ce genre de tentative est même dangereux. Voir plus loin.)
- **Mode vidéo :** Un mode vidéo est une combinaison spécifique d'une résolution et d'un nombre de couleurs. En général, la

combinaison d'une carte et d'un écran permet de choisir parmi plusieurs modes. Par exemple, presque toutes les cartes peuvent afficher dans la résolution 640 x 480 avec les couleurs sur 32 bits. Avec la même carte, vous pourrez basculer en 800 x 600, mais avec un moins grand nombre de couleurs (sur 16 bits). Le mode vidéo dépend de vos préférences et du type de travaux que vous allez faire avec la machine. Il est limité par la quantité de mémoire RAM dont est dotée la carte vidéo.

Les modes offrant un très grand nombre de couleurs sont plus recherchés par ceux qui ont besoin de faire du traitement d'images et de la vidéo. En revanche, les sites Web sont souvent prévus pour fonctionner avec une résolution de 800 x 600, parfois 1 024 x 768. Cela dit, les sites Web sont de plus en plus nombreux à prévoir une retaille automatique de la fenêtre pour s'adapter à la résolution du navigateur.

- **Taux de rafraîchissement :** Cette mesure indique la fréquence à laquelle l'écran et la carte peuvent réafficher l'image. Plus le taux de rafraîchissement est important, moins vous aurez l'impression que l'écran scintille. Vous n'aurez pas besoin d'une fréquence de plus de 60 à 80 hertz (Hz).

  Vous pouvez modifier le mode vidéo et le taux de rafraîchissement via le module **Affichage** du panneau de configuration de Windows. Il suffit d'utiliser le bouton **Paramètres** pour modifier le mode vidéo en changeant la résolution et le nombre de couleurs. Le bouton **Avancé** puis l'onglet **Ecran** permettent de modifier le taux de rafraîchissement (mais il faut savoir ce que l'on fait).

La carte vidéo

- **Mémoire :** Correspond à la quantité de mémoire vidéo embarquée sur la carte. La taille de la mémoire vidéo détermine directement la résolution maximale possible. Une image en haute résolution avec un grand nombre de couleurs peut occuper 32 Mo ou plus.
- **Pilote :** Petit logiciel très technique qui s'occupe de gérer les échanges de données entre le système Windows et le matériel, en l'occurrence la carte vidéo. (Voir le Chapitre 16.)
- **Connecteur :** L'écran reçoit les données à afficher via un câble qui est relié à un connecteur branché dans la carte vidéo.

- **VGA (Video Graphics Array) :** Ce standard assez ancien permet d'afficher des données graphiques à la résolution de 640 x 480. De nos jours, cette résolution est largement dépassée.
- **HD15 :** Il s'agit d'un autre nom pour le même connecteur que celui des ports VGA. Pour semer encore plus la zizanie, HD15 est parfois remplacé par la mention "Connecteur à 15 broches" ou "Connecteur *mini D-SUB*".

Ecran cathodique ou LCD ?

A la différence de nombreux autres composants d'un ordinateur, il n'est pas pensable de réparer ou de faire évoluer un écran. Il faut le remplacer. En ce cas, un choix est à faire de nos jours : opter pour un nouvel écran plat LCD (Figure 3.1) ou remplacer l'écran cathodique ? Voyons comment faire un choix avisé.

Figure 3.1 : Un écran LCD est très mince et du plus bel effet sur un bureau.

Il y a tout d'abord la question du coût. Tout le monde achèterait un écran LCD si les prix étaient moins élevés. Comme le montre la Figure 3.1, un écran LCD prend moins de place sur le bureau, offre un meilleur aspect et affiche une image plus claire qu'un écran cathodique. Certains utilisateurs considèrent l'écran LCD comme beaucoup moins fatigant pour les yeux, d'autant qu'il intègre souvent un masque antireflet. L'écran LCD ne chauffe pas, ne scintille pas et n'émet pas de rayonnements électromagnétiques (ou beaucoup moins).

Mais un écran LCD n'est pas toujours la solution idéale. Les écrans cathodiques existent depuis des dizaines d'années et vous en trouverez toujours un pour se brancher sur une carte vidéo plus ancienne. De plus en plus d'écrans LCD sont du type numérique (digital) qui ne peut se brancher que sur un connecteur du même type. Dans ce cas, vous serez peut-être obligé de changer votre carte vidéo.

A la différence d'un écran cathodique (Figure 3.2), un écran LCD est conçu dès l'usine pour fonctionner à une résolution particulière. Si vous sortez de la résolution maximale prévue, l'écran est obligé de simuler la résolution en interpolant l'image, ce qui lui fait perdre beaucoup de sa finesse d'affichage. En effet, pour un écran LCD de 1 280 x 1 024 (cas des 17 pouces actuels), ce sont réellement 1 280 petits composants dans chaque ligne et 1 024 petits composants dans chaque colonne qui sont intégrés dans la dalle.

Figure 3.2 : En comparaison des écrans LCD, les écrans cathodiques semblent horriblement encombrants et vieux jeu.

Un problème dont ne souffrent pas les écrans cathodiques mais dont souffrent les écrans LCD est l'angle de vision : dès que vous quittez l'axe qui forme la perpendiculaire avec la dalle, l'image devient moins visible. Un utilisateur de portable n'en est pas gêné, au contraire : il apprécie que son voisin de rangée ne puisse pas regarder son écran. En revanche, le problème se fait sentir lorsque plusieurs personnes veulent discuter en regardant le même écran.

N'OUBLIEZ PAS

Si vous êtes vraiment intéressé par un écran LCD, tenez compte des points suivants :

- Les dalles des écrans LCD sont coûteuses à produire. Pour faire baisser les prix, les fabricants n'hésitent pas à laisser un peu de mou au niveau de la qualité des produits. Ils acceptent de laisser sortir d'usine des dalles d'écran dont quelques pixels sont défectueux (noirs ou d'une mauvaise couleur). Le nombre de pixels défectueux n'est soit pas garanti, soit garanti inférieur à 5 %.

- Nous avons dit plus haut qu'il existait des écrans LCD analogiques et d'autres numériques. Les premiers se branchent directement sur la carte vidéo VGA. Les écrans à connexion numérique supposent une carte vidéo dotée d'un connecteur spécial DVI.
- Au niveau interne, tous les écrans LCD sont numériques. Ceux qui sont appelés *analogiques* comportent un convertisseur qui transforme les signaux analogiques reçus sur le câble en signaux numériques acceptables par les circuits d'affichage. C'est pour cette raison qu'un tel écran peut être branché directement dans la sortie VGA analogique d'une carte vidéo normale.

Les nouveaux connecteurs des écrans vidéo

Pour des raisons trop complexes à expliquer ici, un écran LCD ne pourra pas toujours se connecter à une carte vidéo.

Les cartes vidéo actuelles offrent un port VGA et un port DVI. Cela réduit les incompatibilités.

Sachez qu'un adaptateur physique ne sert qu'à rendre les broches d'un connecteur adaptées à la prise dans laquelle il s'enfiche. Cela ne change pas la nature du signal, numérique ou analogique. Un écran prévu uniquement en numérique ne pourra jamais être branché à un port analogique, même avec un adaptateur.

DVI-D, DFP : Ces prises et ces fiches ne transmettent que des signaux numériques.

DVI-A, VGA : Ces prises et ces fiches ne transmettent que des signaux analogiques.

DVI-I : Le port DVI est polyvalent car il sait transmettre des signaux analogiques et numériques. Cela dit, les cartes vidéo n'envoient pas toujours les deux types de signaux. Vous devez lire les spécifications de la carte pour savoir si elle envoie des signaux analogiques, numériques ou les deux sur le port DVI- I. Il faut savoir cela pour bien brancher l'écran approprié. Vous trouverez les connecteurs DVI-I aussi bien sur les écrans LCD analogiques que sur les écrans LCD numériques.

Liaison simple : Le connecteur DVI de l'écran n'utilise qu'une partie des broches possibles. Il lui manque une rangée de broches dans le milieu. Il est limité à la résolution de 1 280 x 1 024. (Cela correspond à celle de la télévision haute définition.) La plupart des connecteurs DVI sont du type liaison simple.

Liaison double : Les connecteurs DVI de ce type disposent de toutes les broches, ce qui permet d'atteindre la résolution de 2 048 x 1 536 qui correspond au standard *QXGA*. Ils sont encore très rares.

Installation d'un écran

Niveau de QI : 90.

Outils requis : Un tournevis.

Coût : Entre 150 et 2 000 euros.

Points à surveiller : Vous devez vérifier la compatibilité de l'écran et de la carte, en vous basant sur les conseils donnés dans les pages précédentes. Un écran LCD disposant d'une entrée numérique et analogique est idéal. De l'autre côté, une carte vidéo disposant d'un port VGA et d'un port DVI-I est la solution ultime.

Voici les étapes à suivre pour installer un nouvel écran :

1. **Quittez Windows, éteignez l'ordinateur et débranchez l'ancien écran.**

   Débranchez le cordon d'alimentation de l'écran avant de débrancher le câble vidéo de l'arrière du boîtier de l'unité centrale.

2. **Enlevez le vieil écran du bureau.**

   Ne jetez pas votre vieil écran à la poubelle, car les écrans contiennent des substances chimiques. Renseignez-vous auprès de votre mairie pour savoir comment bien recycler les composants informatiques obsolètes.

3. **Déballez le nouvel écran.**

   Certains écrans sont livrés avec plusieurs câbles lorsqu'ils permettent plusieurs types de connexions.

4. **Installez l'écran sur le bureau et branchez son câble de connexion dans le port vidéo adéquat.**

Si le câble ne semble pas rentrer, c'est que vous vous êtes trompé d'écran ou que vous tentez de brancher l'écran ailleurs que sur la carte vidéo.

5. **Si nécessaire, branchez le câble de connexion de l'écran à l'arrière de l'écran. N'oubliez pas de verrouiller les molettes de fixation s'il y en a.**

   Si votre écran possède un socle pivotant, laissez un peu de mou sur le câble pour ne pas tirer dessus lorsque vous réglerez l'angle de l'écran.

6. **Rebranchez le cordon d'alimentation de l'écran.**

7. **Allumez l'écran puis l'ordinateur.**

   Vous voyez du texte apparaître à l'écran lors du démarrage ? Vous avez gagné ! Si ce n'est pas le cas, vous n'avez plus qu'à vous reporter à la dernière section de ce chapitre pour essayer de résoudre le problème.

   Si vous avez acheté un écran de luxe avec haut-parleurs intégrés, ou même une webcam, vous devez brancher ces composants intégrés : connectez les cordons des haut-parleurs ou de la caméra au bon endroit à l'arrière de l'ordinateur, en général sur des cartes (Chapitre 6). Si le système Windows ne reconnaît pas les fonctions sophistiquées du nouvel écran, c'est que les pilotes spécifiques ne sont pas installés. Procédez à leur installation via le CD-ROM livré avec le matériel.

L'écran ne s'allume pas

Si votre écran ne s'allume pas, vérifiez qu'il est bien connecté au secteur. En fait, vous devez vérifier quatre branchements :

- Vérifiez d'abord le branchement de la prise dans le mur. Si vous utilisez une rallonge multiple avec interrupteur, vérifiez qu'elle est allumée.
- Vérifiez la connexion entre l'écran et la carte vidéo.
- Vérifiez le bon enfoncement du connecteur de l'écran à l'arrière de celui-ci. Certains écrans utilisent en effet un câble amovible des deux côtés, ce qui peut entraîner des problèmes bêtes pour un utilisateur habitué à ce que le côté écran du câble soit fixe.

- Faites le même genre de vérification pour le cordon d'alimentation secteur. Les écrans LCD et la plupart des écrans cathodiques n'ont pas de câble fixe pour l'alimentation secteur.

L'écran émet des bruits étranges

Presque tous les écrans émettent des petits bruits au démarrage ou pendant qu'ils chauffent. Il n'y a pas à s'inquiéter. Au bout de quelques minutes, tout bruit devrait cesser.

En général, l'écran est l'un des composants les plus silencieux de votre PC. S'il commence à faire du bruit, c'est que quelque chose ne va pas. Si les bruits bizarres sont accompagnés d'odeurs, n'attendez pas la fumée : éteignez immédiatement l'écran.

Si vous installez une nouvelle carte vidéo et constatez que l'écran fait du bruit, c'est que la carte travaille à une fréquence supérieure aux capacités de votre moniteur. Les deux composants ne sont pas compatibles. Essayez de modifier les paramètres de la carte pour qu'elle fonctionne dans un mode vidéo moins puissant :

- Même si vous utilisez le couple carte-écran depuis longtemps, le simple fait de passer à un mode vidéo plus élevé peut créer des problèmes au niveau de l'écran. Les seuls composants qui doivent faire du bruit sont les ventilateurs de l'ordinateur.
- Si l'écran pose des problèmes avec un programme particulier, c'est que ce dernier tente de travailler dans un mode trop performant pour votre écran. Rendez-vous dans la section de paramétrage de l'affichage pour basculer vers un mode vidéo plus raisonnable ou diminuer la résolution.
- Si Windows XP détecte l'écran, il empêche automatiquement la carte vidéo de le faire fonctionner dans un mode vidéo incompatible. Hélas ! Windows détecte rarement l'écran lorsqu'il est connecté. Si l'écran n'est pas livré avec un pilote, vous devez chercher si Windows XP ne possède pas un pilote pour ce modèle. (Voir le Chapitre 16.)

Chapitre 4

Les imprimantes, ces mange-papier

Dans ce chapitre :

- Technologie des imprimantes.
- Recharger une cartouche d'encre.
- Réparer les problèmes d'impression.
- Corriger les problèmes d'espacement.
- Remédier à un bourrage papier.

Sous Windows XP, l'installation d'une imprimante est plus simple qu'elle ne l'a jamais été. Vous branchez votre nouvel engin USB et Windows le détecte automatiquement, installe le pilote et fait connaître la nouvelle imprimante à toutes vos applications.

Ce n'est pas l'installation des imprimantes qui pose problème, mais l'impression du texte en dehors des marges, l'apparition d'étranges marques parasites sur un courrier ou encore, mais ce n'est la faute ni de l'imprimante ni de Windows, la rupture d'alimentation en encre ou en toner.

Technologies d'imprimantes

Vous avez le choix entre trois types d'imprimantes : imprimantes à jet d'encre, imprimante laser et imprimantes multifonctions.

Jet d'encre (inkjet) : Les imprimantes à jet d'encre ont la réputation d'être bon marché et d'avoir une très bonne qualité d'impression (Figure 4.1). Elles fonctionnent sur le principe de l'envoi de microscopiques bulles d'encre sur la page, en noir et blanc ou en couleur. Les imprimantes sont très peu chères, mais les cartouches d'encre se vident à une vitesse phénoménale, bien plus vite que les rubans des machines à écrire du passé. C'est en général le meilleur choix pour un travail de qualité moyenne et l'impression de photos numériques.

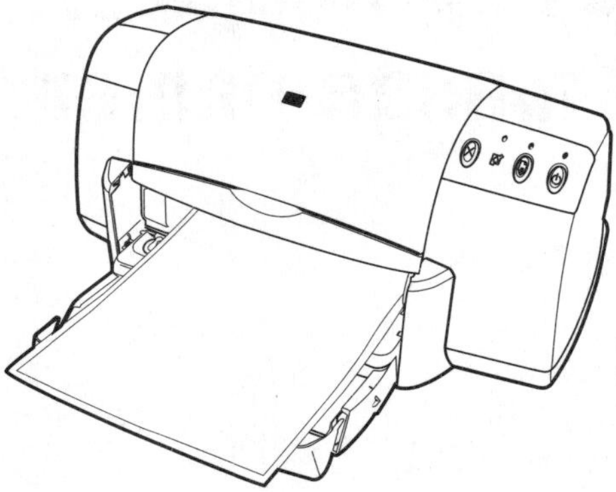

Figure 4.1 : Les imprimantes à jet d'encre savent imprimer les photos aussi bien que les travaux de bureautique courants.

Laser : Les imprimantes laser (Figure 4.2) se basent sur une technologie très proche de celles utilisées dans les photocopieurs : elles déposent de la poudre appelée *toner* sur la feuille puis font passer la feuille devant une source de chaleur pour la fixer. Une imprimante laser noir et blanc coûte environ le double d'une imprimante à jet d'encre couleur. Une imprimante laser couleur coûte aisément plus de 1 500 euros. En revanche, la cartouche d'encre d'une imprimante laser offre une autonomie bien supérieure à celle des cartouches d'imprimantes à jet d'encre, ce qui permet d'espérer un coût par page imprimée bien inférieur.

Multifonctions ou Tout-en-un (All-in-one) : De plus en plus répandue dans les professions libérales et les petites entreprises, cette nouvelle race d'imprimantes se base sur une imprimante à jet d'encre ou laser en lui ajoutant des fonctions de photocopieur, de numériseur (scanneur) et éventuellement de télécopieur. (Il n'y a pas de machine à café intégrée.) La qualité d'impression des imprimantes multifonctions a beaucoup augmenté. Comme le montre la Figure 4.3, c'est une solution idéale pour gagner de la place sur un bureau. En revanche, ce n'est pas la solution idéale lorsque vous avez besoin de faire évoluer l'un seulement des composants ainsi réunis. L'autre inconvénient est que, lorsque la machine tombe en panne, vous perdez simultanément accès à votre imprimante, à votre photocopieur, à votre numériseur et éventuellement à votre télécopieur.

Figure 4.2 : Les imprimantes laser offrent une meilleure qualité que celles à jet d'encre mais coûtent plus cher, surtout en couleurs.

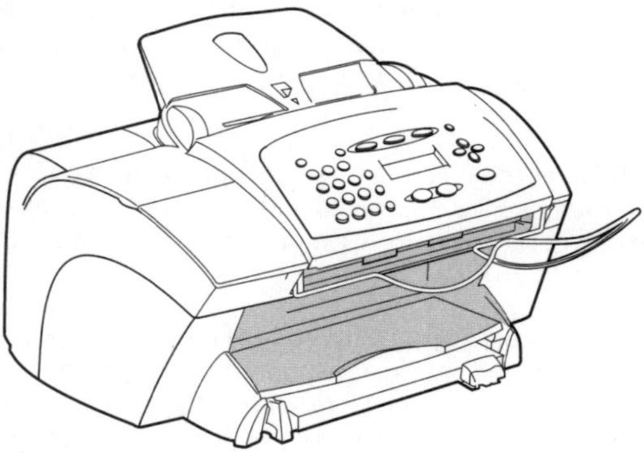

Figure 4.3 : Cette imprimante multifonction réunit une imprimante à jet d'encre, un scanneur, un télécopieur et une photocopieuse.

Thermique : Cette technologie était très utilisée avant l'apparition des imprimantes à jet d'encre pour les imprimantes d'entrée de gamme. C'est la technologie qui est utilisée dans la plupart des télécopieurs d'entrée de gamme (et celle des terminaux portables de carte bancaire). Il n'y a pas d'encre à changer, puisqu'il suffit de faire chauffer le papier pour le noircir à l'endroit désiré. De nos jours, la technologie thermique revient en faveur, car elle est utilisée en combinaison avec celle du jet d'encre pour réaliser des imprimantes sophistiquées et onéreuses destinées à l'impression de photographies numériques de très haute qualité.

Matricielle ou "à aiguilles" (dot-matrix) : Vous aurez du mal à trouver une imprimante utilisant cette technologie dans un magasin. Les imprimantes à aiguilles sont destinées au texte.

Pages par minute (PPM) : Indique le nombre de pages qu'une imprimante peut imprimer en une minute. Mais ce n'est pas si simple. Le test concerne l'impression de la même page de manière répétée. Lorsque vous imprimez des pages différentes, ce qui est généralement le cas, la vitesse en PPM est bien inférieure.

Points par pouce (Dots Per Inch, dpi) : Le nombre de points qu'une imprimante peut placer sur la feuille dans un pouce linéaire, c'est-à-dire 2,54 centimètres. Plus la valeur est grande, plus l'imprimante est précise. Sachez simplement que la recherche des hautes résolutions est un leurre. Gardez cette équation à l'esprit : si vous imprimez principalement des images en 300 dpi, doublez ce chiffre pour obtenir la meilleure qualité d'impression. Donc, 600 dpi suffisent. Comme une imprimante à jet d'encre ne va pas en dessous de 720 dpi, vous voici tranquille. Les résolutions supérieures importent uniquement pour les agrandissements. Par exemple, si vous numérisez une petite photo en 600 dpi, la meilleure impression sera obtenue en 1 200 dpi. Ce qui importe aujourd'hui, c'est la technologie des gouttes d'encre et la qualité des pigments.

Port parallèle et USB : Pendant les vingt premières années de la micro-informatique, les imprimantes se connectaient toujours au port parallèle du PC. De nos jours, c'est de plus en plus le port USB qui est utilisé.

Pilote (driver) : Logiciel qui permet au système Windows d'exploiter l'imprimante. Chaque imprimante possède un jeu de fonctions spécifique, et requiert un pilote spécifique. Avant d'acheter votre imprimante, vérifiez qu'elle dispose des pilotes adéquats pour la version de Windows que vous utilisez, notamment s'il s'agit de Windows XP. (Consultez le Chapitre 16.)

Corps ou taille : Indique la taille d'une lettre. Ce mot utilise un corps plus grand que celui-ci.

Police : Décrit le style d'un alphabet. La police Courier offre un autre aspect que la police **Times New Roman**.

Variation : Chaque police peut être déclinée en plusieurs corps et plusieurs variantes. Ainsi, le Times New Roman peut être en version normale (en romain, comme ce texte) ou en gras comme le **Times New Roman Bold** ou encore en italique comme le *Times New Roman Italic*.

Cartouche : Réservoir en plastique jetable contenant de l'encre et autres produits chimiques utilisés dans l'impression. Les imprimantes à jet d'encre utilisent des cartouches d'encre (Figure 4.4). Les imprimantes laser utilisent des cartouches de toner (encre en poudre). Ayez toujours plusieurs cartouches d'avance, car les imprimantes en consomment beaucoup. De nos jours, les imprimantes couleurs sont de plus en plus nombreuses à offrir des cartouches séparées pour le noir et pour chacune des trois couleurs.

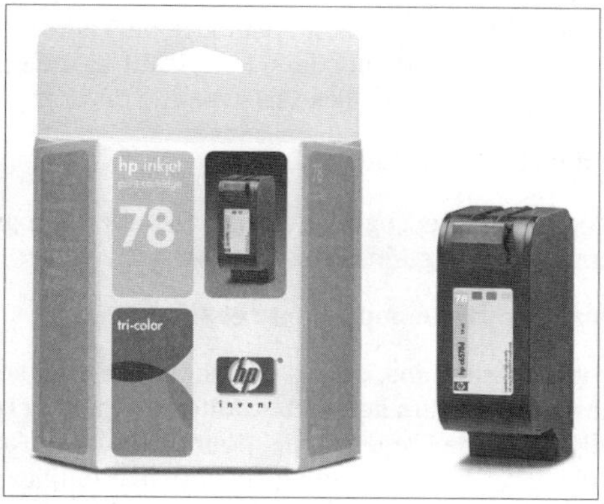

Figure 4.4 : Une cartouche d'encre pour imprimante à jet d'encre Hewlett-Packard.

PDF (Portable Document Format) : Format de fichier standardisé par la société Adobe pour permettre un affichage et une impression fidèles à l'original sur toute machine pour laquelle il existe un lecteur Acrobat Reader. A priori, il n'est pas possible de modifier un document PDF.

TRUC

Pour visualiser un document PDF, il suffit de télécharger gratuitement le lecteur Adobe Acrobat Reader sur le site `www.adobe.fr`.

PostScript ou Encapsulated PostScript (EPS) : PostScript est un véritable langage permettant de contrôler une imprimante en lui envoyant des ordres de tracé graphique.

Imprimante PostScript : Correspond aux imprimantes de haut de gamme utilisées par les professionnels de la PAO et les imprimeurs. Les imprimantes PostScript sont destinées à imprimer le contenu des fichiers PostScript qui leur sont envoyés. Si vous utilisez une imprimante non PostScript, il est nécessaire d'employer un interpréteur logiciel ou un pilote spécial capable de convertir le contenu du fichier PostScript en données que l'imprimante peut comprendre.

Installation d'une imprimante

Niveau de QI : 70.

Outils requis : Une main et les logiciels à installer.

Coût : Entre 100 et 2 500 euros.

Points à surveiller : Avant d'acheter une imprimante, demandez à comparer l'impression d'un courrier et d'une photo pour chacun des modèles considérés. Une imprimante peut être plus efficace pour des photos, mais moins pour des courriers. Pour d'autres, ce sera le contraire. Tenez compte de vos besoins avant de décider.

Voici comment installer une imprimante :

1. **Si cela est demandé, commencez par installer le logiciel de l'imprimante puis redémarrez Windows.**

2. **Déballez la nouvelle imprimante et ses accessoires.**

   Prenez vos précautions, car les périphériques sont souvent protégés par plusieurs languettes adhésives pour le transport. Prenez le temps de lire le manuel pour être sûr de n'avoir pas oublié d'enlever une languette de maintien. N'oubliez pas de chercher le CD d'installation éventuel, les câbles, le papier et les cartouches livrés avec le produit.

3. **Prenez le câble d'imprimante et repérez les ports sur l'imprimante et à l'arrière de l'ordinateur puis connectez-le.**

   Port parallèle ou "Centronics" : Le port parallèle a toujours le même aspect quel que soit le PC et quels que soient son âge et son fabricant.

   Port USB : Comme le montre le dessin de marge, il s'agit d'une prise rectangulaire assez particulière.

   N'allumez pas encore l'imprimante. Branchez-la au secteur et connectez le câble à l'ordinateur.

   Parallèle : Du côté de l'imprimante, vous branchez le connecteur appelé *Centronics* dont les broches sont plates. L'autre côté ressemble à un câble série en plus large. Il va sur l'ordinateur.

   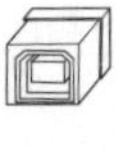

   USB : Enfoncez le connecteur dans le port USB de l'imprimante en faisant attention à la bosse de détrompage.

4. **Installez la ou les cartouches d'encre.**

Jet d'encre : Après avoir déballé sa cartouche, enlevez la protection adhésive qui protège les contacts électriques. La plupart des imprimantes à jet d'encre doivent être allumées pour pouvoir installer les cartouches afin de permettre de déplacer le bras vers le milieu. Suivez les instructions du manuel pour savoir comment procéder.

Laser : Soyez vigilant : les fuites d'encre solide sont très salissantes et dangereuses à respirer. Déballez la cartouche et secouez-la légèrement dans le sens latéral (Figure 4.5) pour aérer le toner et le répartir à l'intérieur. Vous pouvez ensuite supprimer les adhésifs de maintien. Evitez de renverser la cartouche, car du toner pourrait s'en échapper. Comme plus haut, basez-vous sur les instructions fournies dans le manuel.

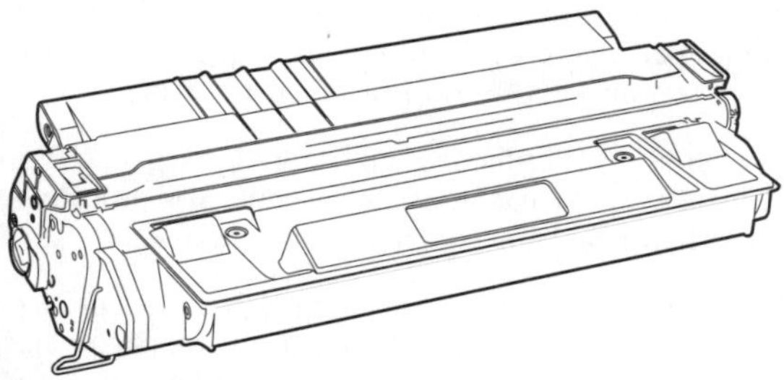

Figure 4.5 : Une cartouche de toner pour imprimante laser.

5. **Ajoutez du papier.**

   Ajoutez environ 25 feuilles de papier bureautique standard. Il est inutile de faire vos essais sur du papier onéreux.

6. **Allumez l'imprimante, l'écran et le PC.**

   Dès que votre PC démarre, Windows va détecter la présence d'une nouvelle imprimante. Laissez le système en trouver les caractéristiques.

   De nos jours, la plupart des imprimantes sont fournies avec un pilote spécial et des programmes de maintenance. Vous pouvez les installer lorsque l'imprimante est allumée, sauf si votre modèle demande l'installation de ses pilotes avant branchement de l'imprimante.

   Certaines imprimantes disposent d'un programme de test. Ce programme sert à aligner correctement les cartouches ou les têtes d'impression pour obtenir la meilleure résolution possible. Vous pouvez chercher dans le logiciel de l'imprimante une commande du type "Imprimer une page de test". L'imprimante de l'auteur offre par exemple un sous-menu d'utilitaires qui permet de tester l'état des buses, de les nettoyer et de les aligner.

Réparation des problèmes d'impression fréquents

Même si vous avez installé avec soin votre imprimante, elle ne fonctionnera pas toujours à merveille.

Il est souvent moins coûteux de remplacer une imprimante à jet d'encre que de tenter de la faire réparer. En revanche, une imprimante laser peut mériter l'envoi au service après-vente. Mais la plupart des problèmes peuvent être résolus par un simple nettoyage et un graissage approprié. N'hésitez pas à demander un devis.

Pour savoir si c'est l'ordinateur ou l'imprimante qui pose problème, allez l'installer sur la machine d'un collègue. Si le problème persiste, c'est que l'imprimante ou son pilote est incriminé.

Lorsque quelque chose s'est mal imprimé, n'hésitez pas à recycler le verso de vos feuilles. Vous n'utiliserez pas votre papier ainsi recyclé pour les documents importants, mais il suffit largement pour imprimer les brouillons et autres documents à usage personnel.

Lorsque l'imprimante n'imprime plus rien

Vérifiez d'abord que l'imprimante est allumée, connectée au réseau et connectée à l'ordinateur.

Vérifiez que le témoin de tension de l'imprimante est allumé. Si ce n'est pas le cas, vérifiez que la prise l'alimentation électrique est bien alimentée. Si elle l'est, c'est sans doute que l'alimentation de l'imprimante est en panne. Allez demander un devis au plus proche réparateur.

Si le témoin de tension de l'imprimante est allumé, lisez la suite.

- Avez-vous pensé à mettre du papier ? Le papier est-il bloqué quelque part ? Certaines imprimantes disposent d'un petit témoin de bourrage. Pour les autres, c'est à vous de vérifier.

- Utilisez-vous un boîtier de partage ? Vérifiez qu'il est commuté dans le sens désiré. Pendant que vous y êtes, secouez légèrement les câbles pour vérifier qu'ils sont fermement connectés.

  Parfois, le problème se situe au niveau du pilote. Pour vérifier que l'imprimante utilise un pilote récent, reportez-vous au Chapitre 16.

- Le système Windows est livré avec des pilotes pour la plupart des imprimantes, mais il s'agit en général d'une version générique, qui ne permet pas de profiter des fonctions sophistiquées spécifiques à chaque imprimante. Vous pouvez résoudre certains des problèmes en téléchargeant le pilote d'imprimante le plus récent sur le site de son constructeur.

Les coûteuses munitions d'une imprimante à jet d'encre

Les cartouches d'imprimante se vident toujours trop vite. C'est surtout le cas des imprimantes couleurs dont la cartouche couleur est unique. Dès qu'une des trois couleurs est utilisée, l'imprimante considère que toute la cartouche est vide, même s'il reste de la couleur dans les deux autres réservoirs.

Les cartouches de remplacement qui sont appelées à juste titre "consommables" constituent une source de profit énorme pour les fabricants. Le budget des cartouches est tel qu'il est rentable de passer un peu de temps à chercher un fournisseur compétitif.

Il y a un problème : les fabricants des imprimantes annoncent clairement qu'il ne faut installer que des cartouches certifiées. Ces cartouches "officielles" coûtent en général plus du double des cartouches compatibles.

De l'autre côté, les sociétés qui vendent des kits de remplissage manuel de cartouches (Figure 4.6) vous allèchent en prétendant que vous pourrez faire des économies énormes en procédant au remplissage vous-même. L'utilisateur se trouve au milieu d'un beau dilemme. Prendre le risque de perdre la garantie constructeur ou continuer à payer le prix fort ?

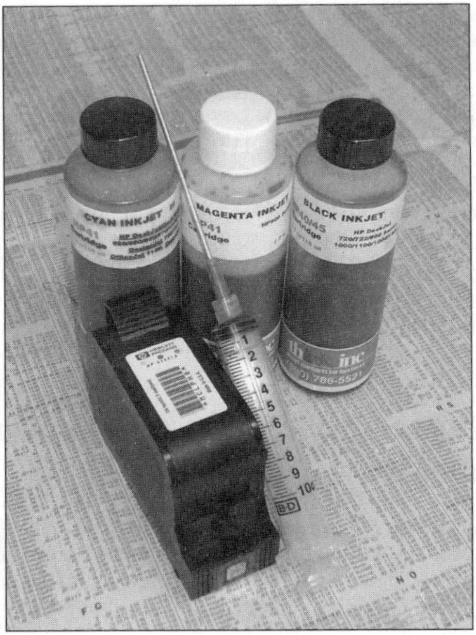

Figure 4.6 : Plusieurs entreprises vendent des kits de rechargement de cartouche à jet d'encre.

Installation d'une cartouche d'encre ou de toner

Voici le processus général de remplacement d'une cartouche.

1. **Eteignez l'imprimante et ouvrez le couvercle.**

   Dans le cas d'une imprimante laser qui était allumée, laissez-la refroidir un quart d'heure. Il peut faire très chaud à l'intérieur et vous pourriez vous brûler.

2. **Suivez les instructions du manuel pour enlever l'ancienne cartouche.**

   Il suffit en général de tirer fermement. Pendant que la cartouche est enlevée, nettoyez la poussière que vous pourriez apercevoir.

   Les imprimantes couleurs fonctionnent en général avec deux à quatre cartouches, une pour le noir et de une à trois pour les couleurs. En général, la cartouche du noir est moins large que celle des couleurs lorsqu'il n'y en a qu'une.

3. **Mettez en place la nouvelle cartouche.**

   Dans le cas d'une imprimante laser, n'oubliez pas de secouer latéralement la cartouche de toner avant de l'insérer (Figure 4.5) pour que la poudre se répartisse à l'intérieur. Mais ne renversez jamais la cartouche.

   ATTENTION !

   Certaines cartouches de toner sont protégées par un ruban adhésif qu'il faut enlever avant d'installer la cartouche. Suivez les instructions du manuel.

4. **Une fois la nouvelle cartouche bien en place, refermez le couvercle et rallumez l'imprimante.**

   N'oubliez pas si nécessaire de replacer le bac d'alimentation papier.

5. **Le cas échéant, utilisez le logiciel de l'imprimante pour les réglages.**

   Les imprimantes à jet d'encre ont souvent besoin d'un réalignement des têtes à chaque installation d'une nouvelle cartouche. Le logiciel va imprimer une page dans laquelle vous devez choisir le motif qui offre le meilleur rendu. Vous passez en général par trois étapes d'alignement.

- Pour une imprimante laser, vérifiez dans le manuel. Parfois, il faut également remplacer un autre composant lors du remplacement de la cartouche de toner.
- Les cartouches de toner ne donnent pas le meilleur d'elles-mêmes pour les premières pages. Faites sortir quelques pages d'essai.
- En cas de problème, amenez l'imprimante chez un réparateur. Dans tous les cas, il faudra sans doute lui faire un bon nettoyage.

Choix du papier

Une imprimante à jet d'encre permet d'obtenir des photographies numériques imprimées d'une qualité incroyable, à condition d'utiliser le papier adéquat. Avec du papier bureautique standard, les fibres absorbent l'encre qui va se diffuser dans le papier. En utilisant du papier de qualité photo, assez onéreux, l'encre reste où elle a été déposée, ce qui permet d'obtenir une image très fine, équivalant à une photo argentique. Certaines rames de papier indiquent le domaine d'utilisation idéal sur l'emballage, mais pour d'autres, rien n'est indiqué. Voici quelques conseils pour s'en sortir.

Standard : Ayez toujours suffisamment de papier bureautique standard pour imprimer vos textes d'impression, vos listes de courses et tout ce qui n'a pas besoin d'un aspect soigné. N'oubliez pas de recycler vos feuilles en utilisant le verso.

Legal ou A4 : Ce format et cette qualité de papier servent à imprimer des documents d'entreprise. Le format A4 correspond à 210 x 297 millimètres. Le format Legal américain correspond à 8,5 pouces sur 14 pouces. L'autre format utilisé aux Etats-Unis, le format Letter, mesure 8,5 pouces sur 11 pouces. Les deux formats américains sont un peu plus larges que le A4 (21,6 cm), mais le Letter est plus court (28 cm) et le Legal bien plus long (35,5 cm).

Courrier : Cherchez les mots *Premium* ou *blanc brillant* qui correspondent au papier de haute qualité.

Photo : En théorie, vous pouvez imprimer vos photos sur le papier le moins cher, mais vous perdez de l'encre pour rien. Il est toujours préférable d'utiliser du papier photo. Soyez vigilant lorsque vous insérez ce genre de papier dans le bac. Un côté est plus brillant que l'autre et c'est celui qui doit être imprimé. Dans certaines qualités de papier photo, il peut être utile de placer une feuille de papier ordinaire en dessous dans le bac d'alimentation pour favoriser le glissement de la feuille dans l'imprimante.

Le papier photo existe essentiellement en deux styles : mat et brillant (Glossy). Les brochures et les lettres d'information n'ont pas besoin du côté brillant et préféreront la surface mate.

Etiquettes : Les fabricants d'étiquettes comme Avery offrent sur leurs sites Web des modèles pour Word adaptés à toutes les tailles possibles d'étiquettes (voyez par exemple `www.avery.fr`). Il ne vous reste plus qu'à saisir vos informations dans le cadre de l'étiquette modèle, d'alimenter l'imprimante en planche d'étiquettes et d'imprimer.

Transparents : Indispensable pour des présentations sur un rétroprojecteur.

N'OUBLIEZ PAS

Prenez toujours la peine d'acheter du papier qui puisse convenir à votre style d'imprimante : jet d'encre ou laser. Les imprimantes laser ayant besoin de "cuire" la feuille pour fixer l'encre, il faut toujours se méfier des papiers d'étiquettes et des transparents, qui doivent être conçus pour supporter cette chaleur. De plus, il est déconseillé d'utiliser le papier d'une autre marque que celle de votre imprimante, ou qui n'est pas dit "compatible". Ainsi, j'ai constaté une qualité d'impression photo horrible quand on utilise un papier glacé HP avec une imprimante Epson.

Lorsque l'impression déborde de la page physique

Dans certains cas, votre image ou votre document n'entre pas correctement dans les limites de la page. Pour éviter ce problème, utilisez toujours le mode de prévisualisation ou d'aperçu de votre programme. Il permet de juger le positionnement de vos données sur la page physique. Si votre document ne tient pas dans la page, essayez ceci :

Basculer en mode paysage (Landscape) : A priori, les imprimantes utilisent le mode portrait ou "à la française". Le papier est dans le sens vertical. Dans le cas d'une feuille de calcul ou d'un document de grande largeur, il peut être plus intéressant de l'imprimer en mode paysage ou "à l'italienne". Cherchez dans les préférences ou dans le menu de configuration de page.

Mettre à l'échelle : Certains programmes et certaines imprimantes permettent de forcer une mise à l'échelle du document pour qu'il tienne entièrement dans la page. C'est pratique pour les photos, mais pas pour les documents avec du texte en petits caractères. Faites un test sur une feuille de papier brouillon.

Utiliser un modèle : Nous avons parlé plus haut des fabricants d'étiquettes comme Avery qui proposent des modèles gratuits. En utilisant un modèle, votre texte sera parfaitement placé par rapport à la page. Les modèles sont très pratiques pour les étiquettes, les cartes de visite, les certificats et autres éléments difficiles à positionner.

Modifier les marges : Accédez à la configuration de page de votre programme et vérifiez que vous avez défini une marge minimale d'au moins un demi-centimètre.

Les problèmes de bourrage papier

Les bourrages étant devenus rares de nos jours, vérifiez si l'imprimante n'a pas besoin d'être nettoyée. Ouvrez-la et commencez par ôter la feuille bloquée. N'oubliez pas d'enlever les petits morceaux de papier qui se sont peut-être déchirés lors du passage dans les engrenages.

Lorsque vous ajoutez du papier, prenez l'habitude de l'aérer en feuilletant la ramette puis de la taquer en la tenant entre vos mains et en faisant défiler les feuilles.

N'utilisez jamais de planches d'étiquettes dans une imprimante laser avant d'avoir vérifié qu'elles sont compatibles. La chaleur générée dans l'imprimante peut faire fondre la colle des étiquettes qui se répand alors dans tout le mécanisme.

Entretien de l'imprimante

Ne tentez jamais de réparer une imprimante. En revanche, voici comment assurer sa maintenance :

- N'hésitez pas à rechercher les plus récents pilotes. Tous les trimestres, ou si l'imprimante commence à mal fonctionner, allez visiter le site Web du fabricant pour récupérer les pilotes les plus récents. Souvent, les pilotes sont combinés aux utilitaires.

- Lancez régulièrement les outils d'entretien de votre imprimante. Certains pilotes intègrent des outils de diagnostic. D'autres outils permettent d'aligner automatiquement les têtes après chaque remplacement de cartouche pour maintenir une qualité optimale.

  N'oubliez pas d'éteindre votre imprimante lorsque vous ne vous en servez pas longtemps. Les imprimantes à jet d'encre ont tendance à souffrir d'un maintien sous tension continu. En effet, les buses tendent à sécher, ce qui limite leur durée de vie.

  L'affirmation ci-dessus tend à perdre en vérité. En effet, au bout d'une certaine période d'inactivité, les imprimantes modernes basculent dans un mode veille.

Utilisez toujours le bouton d'arrêt pour éteindre votre imprimante à jet d'encre. Cela permet aux têtes d'être ramenées dans leur position de repos, ce qui leur évite de sécher ou de se boucher.

Deuxième partie

La face cachée du PC

"Tiens, cela me fait penser qu'il faut que j'installe mon nouveau disque dur et un graveur de CD."

Dans cette partie...

Nous allons découvrir quelques composants assez inesthéti ques de votre PC et néanmoins indispensables qui se cachent dans le boîtier.

C'est dans la machine que nous allons trouver l'alimentation, les cartes d'extension, les barrettes mémoire et les disques durs.

Chapitre 5
Alimentation

Dans ce chapitre :

- Le jargon des alimentations de PC.
- Remplacement d'une alimentation.
- A l'écoute des sons de la machine.

L'alimentation de votre ordinateur se situe à l'arrière de l'unité centrale. Son ventilateur tourne continuellement et pas toujours silencieusement. Il travaille par extraction, c'est-à-dire qu'il tire l'air de l'intérieur vers l'extérieur, à l'arrière. Les alimentations tombent souvent plus vite en panne que les autres composants de la machine. Nous allons voir comment remplacer l'alimentation sans problème.

Le jargon des alimentations

Alimentation interne : Le câble secteur qui part de la prise de courant jusqu'à la machine se branche dans l'alimentation. L'alimentation possède toujours un ventilateur de refroidissement. De nos jours, la plupart des machines sont dotées d'autres ventilateurs, notamment un pour l'unité centrale et parfois un autre pour la carte vidéo si elle est puissante.

AT : La plupart des circuits intégrés d'un ordinateur sont soudés sur une *carte mère*, une grande plaque de circuit imprimé qui relie entre eux les composants. Certains ordinateurs sont dotés d'une carte mère de type AT qui se distingue de la carte ATX par ses gros connecteurs d'alimentation (Figure 5.1). Ils distribuent l'électricité de l'alimentation vers la carte mère.

ATX : Il s'agit d'un modèle de carte mère aujourd'hui très répandu qui ne peut pas fonctionner avec les mêmes alimentations que celles des cartes mères AT. La Figure 5.1 montre que les cartes ATX n'ont qu'un petit connecteur.

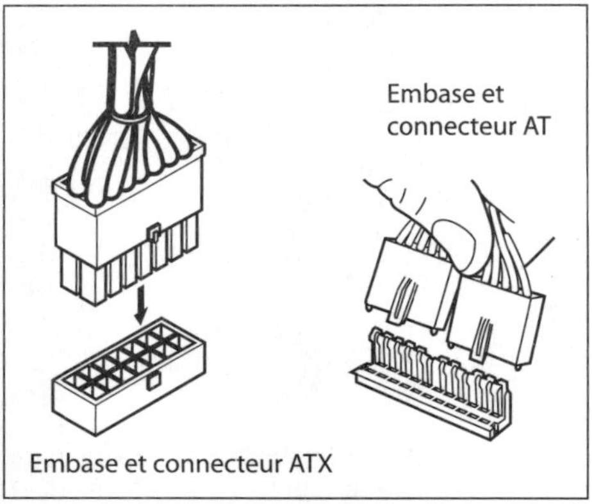

Figure 5.1 : Le nouveau connecteur d'alimentation ATX comporte une seule prise et une seule fiche. L'ancien modèle AT comportait deux fiches qu'il fallait insérer dans une prise de la carte mère.

Propriétaire : Les choses étaient trop simples. Certains fabricants ont décidé de quitter les standards au niveau des alimentations. Ils ont donc conçu leurs propres modèles qui ne peuvent pas être connectés à la plupart des cartes mères. Si vous avez acheté un ordinateur Dell postérieur à 1998, vous serez obligé de remplacer l'alimentation par une autre achetée chez Dell. Les modèles standard ne fonctionnent pas.

Parasurtenseur ou **parafoudre :** Si le courant secteur de l'endroit où vous travaillez n'est pas exempt de sautes d'humeur, vous avez intérêt à vous doter d'un protecteur contre les surtensions. Vous le branchez sur la prise électrique dans le mur et vous branchez l'ordinateur dans le protecteur. En cas de surtension, le protecteur va jusqu'à se sacrifier.

Onduleur (UPS, *Uninterrupted Power Supply*) : Beaucoup plus cher, cet équipement est une sorte de super-parasurtenseur. Il se branche comme son petit frère entre la prise secteur et l'ordinateur (Figure 5.2). Si le courant secteur s'interrompt, les batteries de l'onduleur entrent en action pour continuer à alimenter la machine. La plupart des onduleurs peuvent tenir de 5 à 15 minutes, ce qui suffit largement pour arrêter sa machine en réalisant toutes les sauvegardes.

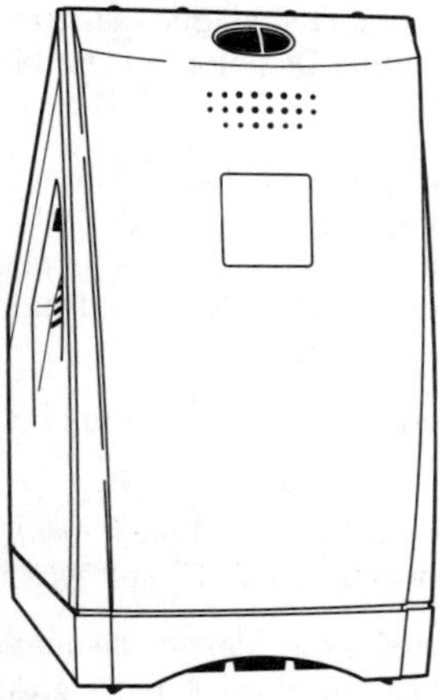

Figure 5.2 : L'onduleur LS 350 de APC permet selon sa charge de continuer à alimenter la machine de 7 à 20 minutes.

Installation d'une nouvelle alimentation

Niveau de QI : 100.

Outils requis : Une main et un tournevis.

Coût : Environ 50 euros.

Eléments à surveiller : Vous ne pouvez pas réparer une alimentation de PC, remplacez-la. Jetez l'ancienne dans le bac de recyclage approprié.

ATTENTION !

N'essayez même pas d'ouvrir l'alimentation. Elle stocke du courant à une tension dangereuse. Il reste présent dans une machine éteinte et débranchée. Une alimentation ne constitue aucun danger tant qu'elle n'est pas ouverte.

TRUC

Si vous ne savez pas quel modèle acheter, rapportez votre ancienne alimentation chez le revendeur. Vous pourrez ainsi vérifier que sa puissance est au moins équivalente.

Voici comment installer une nouvelle alimentation :

1. **Eteignez votre PC, débranchez-le et ouvrez son capot.**
2. **Débranchez les connecteurs qui alimentent la carte mère, ceux du disque dur et celui de l'interrupteur.**

L'alimentation est la grosse boîte métallique qui se trouve en haut et à l'arrière de l'ordinateur. De nombreux fils électriques en sortent.

Les fils se terminent par des prises variées. Toutes sont dotées de détrompeurs pour les brancher au bon endroit. Vous pouvez coller un petit bout de papier sur le bout du câble pour vous rappeler où il était branché. Le remontage sera d'autant plus rapide.

Voici une présentation des différents connecteurs et de leur destination :

Carte mère : L'alimentation de votre machine fournit le courant à la carte mère avec un connecteur soit AT, soit ATX.

Disques durs : Tous les lecteurs que sont les disques durs, les lecteurs de bandes de sauvegarde et les lecteurs/graveurs de CD ou de DVD tirent leur source d'alimentation d'un câble terminé par une fiche identique à l'un des deux modèles illustrés Figure 5.3.

Figure 5.3 : Les lecteurs de disques se branchent soit avec la petite fiche Berg, soit avec la plus grande fiche Molex.

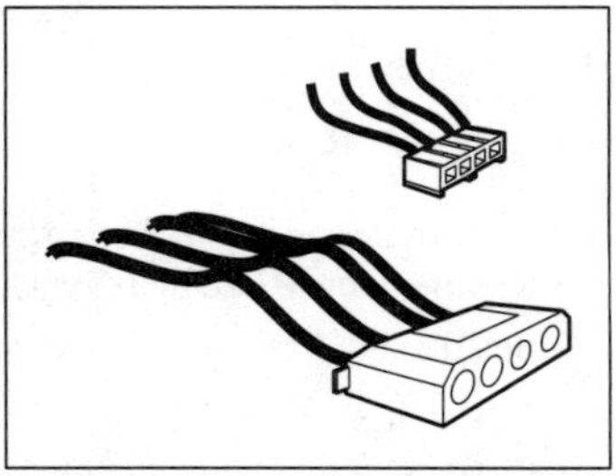

Interrupteur électrique : Quelques rares alimentations possèdent un interrupteur au bout d'un câble. Dans la plupart des cas, de petits fils vont de la carte mère à l'interrupteur sur la face avant ou arrière.

A moins que votre machine ne soit suréquipée, il reste sans doute quelques câbles non utilisés qui partent de l'alimentation. Ils servent à alimenter des composants supplémentaires.

3. **Dévissez les vis qui maintiennent l'alimentation dans le boîtier de l'unité centrale.**

Commencez par regarder à l'arrière près du ventilateur. Vous devriez voir plusieurs vis. Notez que certaines servent à tenir l'alimentation et d'autres son ventilateur.

Les vis qui maintiennent l'alimentation sont en général plus proches de l'arrière de la machine. Celles qui maintiennent le ventilateur sont proches de son châssis. Evitez de dévisser celles du ventilateur si ce n'est pas nécessaire.

Vous devrez peut-être enlever quelques plaques de plastique qui servent à guider l'air vers le ventilateur.

4. **Procédez à l'extraction de l'alimentation.**

5. **Allez acheter une alimentation électrique de rechange.**

6. **Vérifiez que le sélecteur de voltage est dans la bonne position.**

   Regardez à l'arrière du boîtier de l'alimentation près du ventilateur. Vous devriez voir un commutateur a priori positionné sur le 220 volts. Vérifiez tout de même.

7. **Mettez en place la nouvelle alimentation à l'endroit approprié.**

8. **Reconnectez tous les câbles sur la carte mère sans oublier ceux des lecteurs de disques, de CD, et l'interrupteur secteur.**

   Servez-vous des petites étiquettes que vous aviez pris le temps de coller sur les câbles.

   Les deux câbles noirs des connecteurs de type AT se branchent normalement côte à côte dans la carte mère (Figure 5.1).

   Il reste souvent des câbles d'alimentation de disques inutilisés ; repliez-les dans un coin à l'écart des circuits imprimés. Vous en aurez besoin pour de nouveaux périphériques.

9. **Revissez les vis de maintien de l'alimentation dans le boîtier.**

   Vérifiez que vous avez revissé les éventuelles vis ôtées ailleurs pour faciliter l'extraction de l'ancienne alimentation.

   Vérifiez aussi que vous n'avez pas débranché par mégarde un autre câble.

10. **Rebranchez le PC au secteur.**

11. **Sans replacer le capot, rallumez la machine et voyez ce qui se passe.**

    Si vous n'entendez rien, c'est soit l'alimentation (toute neuve !), soit la prise secteur qui ne fonctionne pas. Essayez de brancher autre chose à la prise secteur. Si tout va bien, vous n'avez plus qu'à démonter l'alimentation et à la ramener au revendeur.

12. **Eteignez la machine pour remettre le capot.**

Réparation de votre alimentation

La panne typique d'une alimentation est son arrêt définitif. Il faut remplacer l'alimentation comme indiqué plus haut. En revanche, si votre alimentation est trop bruyante, vous pouvez trouver une solution.

Ce souffle permanent qui nous épuise

Certaines alimentations font autant de bruit qu'un avion supersonique. D'autres pas plus qu'un six cylindres en ligne.

Le bruit est à mettre sur le compte du ventilateur de l'alimentation qui empêche celle-ci de surchauffer. Pour limiter ce bruit, achetez une alimentation moins bruyante, mais bien plus chère. Une autre solution consiste à éloigner l'unité centrale de votre bureau. A ce sujet, visitez le site `pc-look.com`.

TRUC

- Si votre PC est ancien, il est possible que l'alimentation soit inutilement bruyante par rapport à la puissance demandée. En la remplaçant par une alimentation plus récente, vous avez de grandes chances de réduire la gêne sonore.

- Si l'alimentation ne fait plus aucun bruit, vous êtes vraiment devant un gros problème. Si vous ne sentez pas d'air en plaçant votre main contre le ventilateur à l'arrière de la machine, c'est que ce dernier est hors service. Dans ce cas, l'ordinateur va chauffer rapidement. Enregistrez vite votre travail en cours et éteignez la machine. Allez acheter une nouvelle alimentation.

Recherche de la source du bruit

Parfois, vous ne pourrez pas savoir a priori si le bruit le plus important de votre machine provient de l'alimentation ou d'un disque dur. Les disques tournent en effet sans arrêt, et font donc du bruit en permanence. Pour savoir d'où vient exactement le bruit, éteignez la machine, débranchez-la et ouvrez le boîtier. Débranchez l'alimentation électrique de votre disque dur (voyez la Figure 5.3). Rebranchez votre machine et rallumez. Du fait qu'il n'y a plus de disque dur, le système ne va pas démarrer, mais cela suffit à voir si le bruit principal est bien lié à l'alimentation.

Si vous n'entendez plus ce gros bruit, c'est donc bien votre disque dur. Hélas ! les disques durs silencieux peuvent être plus coûteux que les alimentations silencieuses. Nous parlons en détail des disques durs dans le Chapitre 8.

Chapitre 6

Les cartes d'extension

Dans ce chapitre :

- Cartes et connecteurs ISA et PCI.
- La carte vidéo et son connecteur AGP.
- Installation d'une carte d'extension.
- Réparation des cartes en panne.

Les cartes d'extension sont certainement le périphérique le plus simple à installer. Elles permettent de faire évoluer rapidement une machine.

Présentation des cartes et de leurs équivalents USB

Passons en revue les périphériques et fonctions les plus utilisés sous forme de cartes d'extension et de périphériques USB équivalents.

Carte vidéo

Cette carte est essentielle à toute machine voulant atteindre de bonnes performances. C'est sur cette carte que se branche l'écran (moniteur). Presque tous les ordinateurs sont dotés d'une carte vidéo, sauf ceux de début de gamme dont les circuits d'affichage vidéo sont intégrés directement à la carte mère. Même ces machines peuvent être améliorées en installant une carte vidéo dédiée.

Equivalent USB : Aucun à ce jour.

Carte son

Ce composant est obligatoire si vous voulez entendre quelque chose en provenance de l'ordinateur. Sans carte son, vous ne pouvez pas profiter de la musique des CD, des fichiers MP3, de la bande son des DVD, des effets sonores de vos jeux vidéo, des stations de radio sur Internet et, bien sûr, de tous les sons associés aux différentes actions sous Windows. Certaines machines de début de gamme intègrent un circuit son sur la carte mère, mais vous pouvez, comme pour la carte vidéo, procéder à une mise à jour.

Equivalent USB : La société Creative Labs a conçu une boîte son externe nommée Extigy qui se branche sur un port USB. Il faut savoir que cette boîte pousse la norme USB à ses limites. Ce n'est intéressant que pour la version 2.0 de USB.

Pour entendre quelque chose depuis votre PC, il faut associer la carte son à des haut-parleurs. Une autre solution consiste à brancher la carte son sur l'entrée Auxiliaire ou Tape in de votre chaîne stéréo (Chapitre 12).

Carte modem

Les cartes modem sont celles qui comportent une ou deux prises à peu près carrées pour téléphone. Vous y branchez une ligne téléphonique depuis une prise standard.

Equivalent USB : La plupart des modems existent en version USB, notamment les modems ADSL.

Carte réseau

La carte réseau fait aujourd'hui partie de la dotation standard des ordinateurs, même pour usage familial. En permettant de relier des ordinateurs entre eux, vous pouvez profiter du partage des fichiers et des imprimantes, ainsi que d'une connexion Internet unique. Les cartes réseau comportent une prise qui ressemble à celle du téléphone en un peu plus large.

Equivalent USB : Il existe des cartes réseau, pour réseau classique ou sans fil, qui se branchent sur un port USB.

Carte contrôleur

Sont englobées sous ce terme toutes les cartes d'extension qui permettent à la carte mère d'interagir avec un disque dur ou un scanneur. De nos jours, la plupart des disques durs sont directement connectés à la carte mère. Une exception concerne les disques durs SCSI.

Equivalent USB : Grâce aux bonnes performances de la liaison USB, il existe dorénavant des scanneurs et des disques durs qui se branchent sur port USB, mais vous chercherez de préférence ceux qui sont conformes à la norme USB 2.0.

Carte tuner TV

Une fois que vous aurez installé une carte tuner TV, vous pourrez regarder la télévision sur votre écran, soit en plein écran, soit dans une petite fenêtre que vous pouvez placer au meilleur endroit. Il ne vous restera plus qu'à brancher une antenne ou un câble de télévision.

Equivalent USB : Il existe quelques rares tuners USB.

Carte de capture vidéo (acquisition)

Egalement appelée *carte de numérisation*, ce type de carte permet de récupérer les images vidéo d'un magnétoscope ou d'un caméscope. Vous stockez les films sur votre PC. Pour exploiter une telle carte, il vous faut un logiciel de montage vidéo. En général, les cartes sont vendues avec une version simplifiée d'un tel programme.

Equivalent USB : Il existe maintenant des boîtiers USB avec connecteurs analogiques et numériques (MiniDV). La vidéo étant gourmande en ressources système, il est recommandé d'utiliser l'USB 2.0.

Carte adaptateur FireWire

Le standard FireWire offre un débit suffisant pour de la vidéo en haute qualité depuis un caméscope numérique. Mais il vous faut ouvrir le boîtier de l'ordinateur pour installer la carte. En général, les cartes FireWire sont équipées de deux ports externes et d'un port interne.

Equivalent USB : Aucun

Les standards de connecteurs d'extension

Sur toute carte mère de PC, vous trouverez une série de connecteurs rectangulaires appelés *connecteurs d'extension*. C'est dans ces connecteurs que vous insérez vos cartes d'extension. Chaque carte est maintenue en place dans le connecteur au moyen d'une vis qui se fixe à l'arrière du boîtier pour emprisonner l'équerre soudée sur la carte.

Voici aujourd'hui les cartes d'extension que l'on rencontre :

PCI : Successeur de l'antique standard ISA, PCI (*Peripheral Component Interconnect*) est basé sur deux excroissances rectangulaires (Figure 6.1). Les cartes PCI sont assez petites et les contacts des excroissances très serrés. On les identifie sur la carte mère par leur couleur beige.

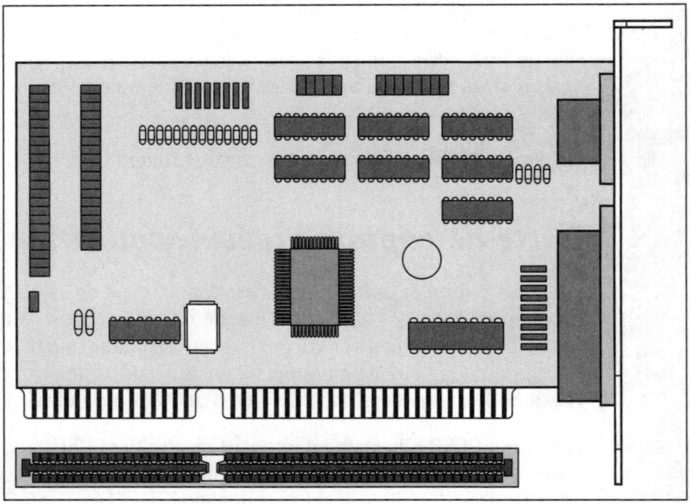

Figure 6.1 : Une carte et un connecteur PCI, les plus répandus de nos jours.

AGP : Cet acronyme signifie *Accelerated Graphics Port* ou port graphique accéléré. Conçu par la société Intel pour permettre de meilleures performances graphiques, le port AGP est bien plus efficace que les connecteurs PCI pour y installer une carte accélératrice 3D offrant des traitements de texture indispensables aux jeux vidéo. Pour reconnaître les différentes générations de cartes, elles sont munies de détrompeurs et de diviseurs (Figure 6.2). Sur la carte mère, le connecteur AGP est marron foncé.

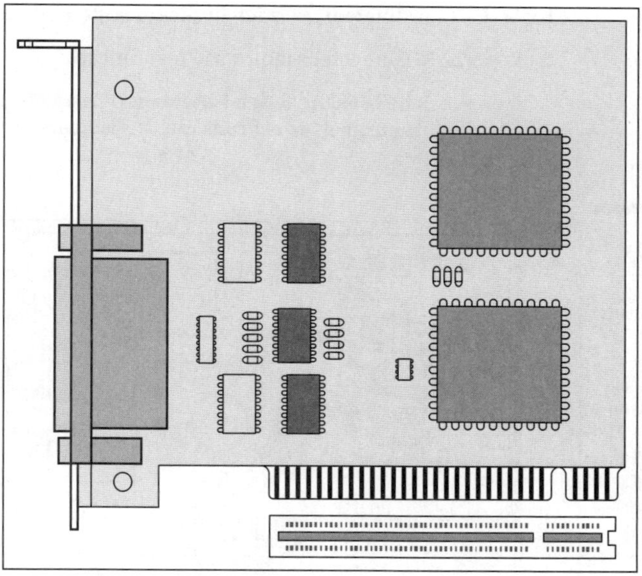

Figure 6.2 : Une carte graphique AGP 4x et le connecteur AGP.

N'essayez jamais d'installer une carte graphique 2x sur une carte mère de Pentium 4. Les tensions sont différentes, ce qui risque de détruire la carte et la carte mère. Vous devez vérifier que votre PC accepte soit les cartes AGP 4x (qui correspondent à la norme AGP 2.0), soit la norme plus récente AGP 3.0.

Installation d'une nouvelle carte

Niveau de QI : 90.

Outils requis : Une main et un tournevis.

Coût : Entre 15 et 200 euros ou plus.

Points à surveiller : Les cartes électroniques sont très sensibles à l'électricité statique. Reliez le boîtier de la machine à la masse avant de toucher la carte. Si vous habitez dans un lieu particulièrement sec, et donc propice à l'électricité statique, revêtez des gants en latex, du style de ceux qu'utilisent les docteurs et les dentistes.

Les cartes d'extension sont fragiles ; évitez de les plier.

Voici comment installer une carte :

1. **Arrêtez l'ordinateur, débranchez-le du secteur et ôtez le capot.**
2. **Repérez le connecteur approprié à votre carte.**

   Aidez-vous de la Figure 6.3 en l'orientant de manière à voir les composants aux mêmes endroits que sur la figure.

Figure 6.3 : La configuration des connecteurs et leur nombre changent d'une carte mère à l'autre. La vôtre ne sera peut-être pas une copie fidèle de cet exemple.

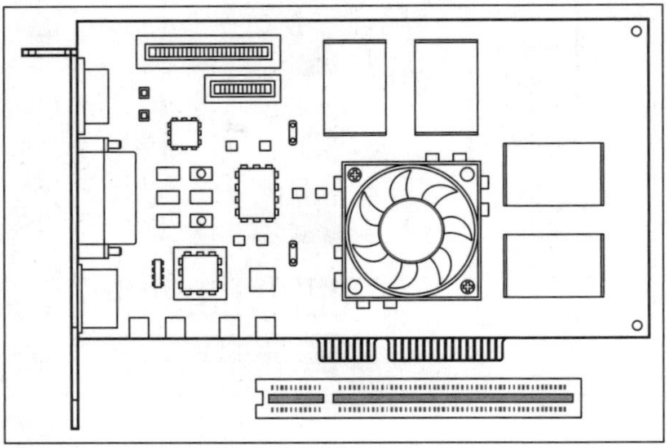

TRUC

Si vous avez beaucoup de place dans la machine, laissez de l'espace entre les différentes cartes pour favoriser le refroidissement.

3. **Enlevez l'équerre servant de bouchon si nécessaire.**

   Cela ne vous concerne pas si vous remplacez une carte existante.

   Les connecteurs inoccupés correspondent à une équerre permettant de boucher l'ouverture à l'arrière de la machine et d'empêcher l'entrée de poussière par cet orifice imprévu. Servez-vous d'un petit tournevis pour dévisser la vis qui maintient l'équerre (Figure 6.4).

4. **Enfoncez la carte dans le connecteur.**

   Une fois que vous avez repéré où la carte doit s'enficher, prenez-la par ses extrémités et positionnez-la au-dessus du connecteur. Le côté avec l'équerre de maintien doit être du côté arrière du boîtier. (Cette équerre va venir à la place du bouchon que vous avez enlevé dans l'étape 3.)

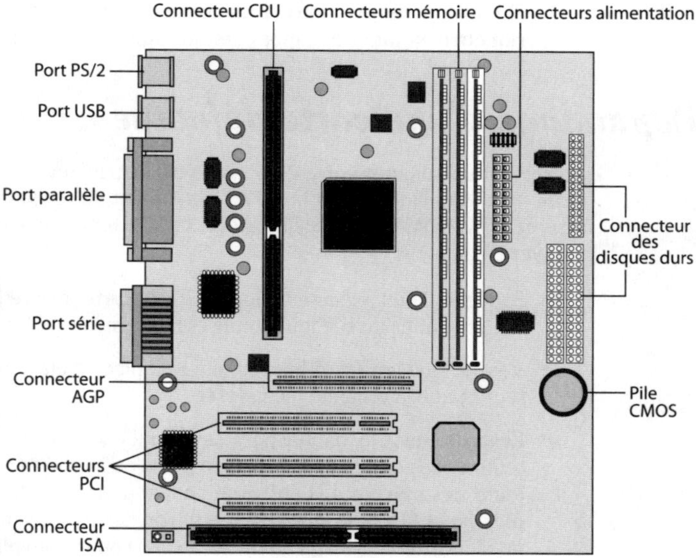

Figure 6.4 : Vous devez enlever l'équerre bouchon pour pouvoir insérer la nouvelle carte.

Avec précaution, alignez les broches du circuit imprimé de la carte avec les emplacements dans le connecteur. Poussez lentement la carte en place. Parfois, il faut la faire bouger un peu en avant et en arrière. Lorsque la carte sera enfoncée complètement, vous le sentirez. Ne forcez pas !

Aucune carte ne doit entrer en contact avec une autre. Cela risquerait de provoquer des problèmes électriques et d'endommager l'ordinateur.

Certaines cartes vidéo AGP sont dotées d'un petit clip de maintien qui se place sur un onglet au bout de la carte. Faites glisser le clip pour qu'il retienne la carte correctement.

5. **Fixez la carte dans le logement grâce à la vis.**

6. **Rebranchez l'ordinateur, allumez-le et vérifiez que la fonction de détection de matériel de Windows reconnaît bien la carte et cherche à installer les pilotes.**

   En général, Windows détecte les nouvelles cartes et les configure correctement. En cas de problème, reportez-vous au Chapitre 16 qui donne de nombreuses astuces sur l'installation des pilotes.

7. **Si l'ordinateur et la carte fonctionnent bien, éteignez pour remettre en place le capot puis rallumez. Vous avez réussi !**

Dépannage d'une carte défectueuse

Lorsque vous rallumez votre PC après avoir installé une nouvelle carte, Windows l'identifie et invite à l'installation de ses pilotes. Insérez le CD-ROM livré avec la carte. Si cela ne fonctionne pas, essayez ceci :

- Souvent, il faut exécuter le logiciel de la carte puis redémarrer le système pour qu'elle fonctionne correctement.
- Vérifiez que la carte a bien été mise en place dans son connecteur et que la vis a été bien serrée.
- Regardez dans le manuel pour savoir s'il n'y a pas des interrupteurs et des cavaliers à mettre en place ou à modifier. (De nos jours, ces moyens de configuration matériels sont de plus en plus rares.) Dans le cas d'une carte son, il faut souvent brancher un fil à l'intérieur jusqu'au CD ou au DVD pour pouvoir entendre du son.
- Parfois, il faut un peu tâtonner pour réussir à faire fonctionner sa carte. Gardez patience.
- Neuf fois sur dix, le problème est lié au logiciel et non à la carte. La carte est bien enfoncée dans son connecteur, mais le logiciel souffre d'un conflit avec une autre carte ou un autre pilote. En général, il suffit d'installer un pilote plus récent comme nous le montrons dans le Chapitre 16.
- Les ordinateurs les plus récents n'aiment pas les anciennes cartes.

TRUC

Si c'est une carte ancienne qui ne fonctionne plus, éteignez la machine, débranchez-la, enlevez le capot puis la carte. Nettoyez les contacts du côté du connecteur de la carte. (Appuyez légèrement seulement.) Cela permet d'enlever quelques traces d'oxydation. Lorsque vous replacez la carte, essayez de l'enfoncer plus à fond. Parfois, les cartes sortent de leur logement légèrement au cours du temps.

Chapitre 7

La mémoire vive

Dans ce chapitre :

- Les différentes sortes de circuits mémoire.
- Comment acheter le bon modèle et la bonne quantité.
- Installation d'une extension mémoire.
- Correction des petits problèmes.

Si vous parlez de vos soucis d'informatique à des collègues, certains vous répondront sans doute qu'il faut chercher du côté de la quantité de mémoire. Il est vrai que l'augmentation de l'espace mémoire d'un PC résout de nombreux problèmes sur les machines un peu anciennes que l'on essaie d'utiliser avec un système d'exploitation récent.

Mais qu'est-ce que la mémoire ? Lorsque le processeur de votre ordinateur (CPU, *Central Processing Unit*) traite les données, il doit les stocker quelque part, et ce n'est pas sur le disque dur. La zone de travail du processeur est cet espace mémoire également appelé *mémoire vive* ou RAM (*Ramdom Access Memory*). Plus le processeur dispose d'un grand espace mémoire, plus il peut effecteur des tâches complexes et lancer plusieurs programmes à la fois. De même, plus les circuits mémoire sont performants, plus cela favorise les performances de votre machine.

Les quatre types de mémoire répandus

Voici les quatre types de mémoire que l'on rencontre sur des ordinateurs.

SIMM (Single In-line Memory) : Les modules SIMM existent en trois tailles, comme le montre la Figure 7.1. Chacune requiert un socle différent. Les très vieux ordinateurs, avant l'avènement du Pentium, utilisent les moins longs (8 cm). Ils offrent trente contacts et généralement moins de 20 Mo de mémoire.

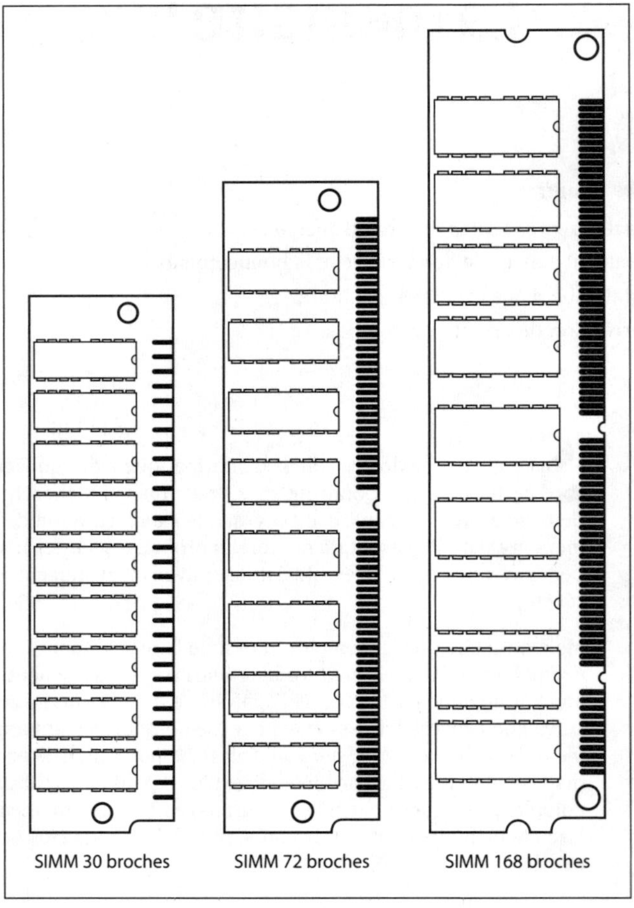

Figure 7.1 : Modules SIMM.

Les premiers ordinateurs à base de Pentium utilisent le même genre de modules SIMM, mais d'une taille un peu plus longue (environ 10 cm). Ces modules possèdent 72 broches et permettent d'embarquer jusqu'à 64 Mo de mémoire.

Verdict : Les modules SIMM sont une technologie obsolète datant du début des années 1990.

SDRAM ou DIMM (Dual In-line Memory) : Pour répondre aux importants besoins mémoire des nouveaux processeurs Pentium et AMD, les ingénieurs ont créé les modules DIMM. Ils sont dotés de 168 contacts et possèdent une longueur de 5,25 pouces ou 13 cm (Figure 7.2). Ils sont donc beaucoup plus longs que les modules SIMM. Comme ils embarquent plus de mémoire, ils sont plus onéreux. Les socles possèdent de petits leviers de maintien.

D 10326 98
32
← GAUCHE

89124
DROITE →

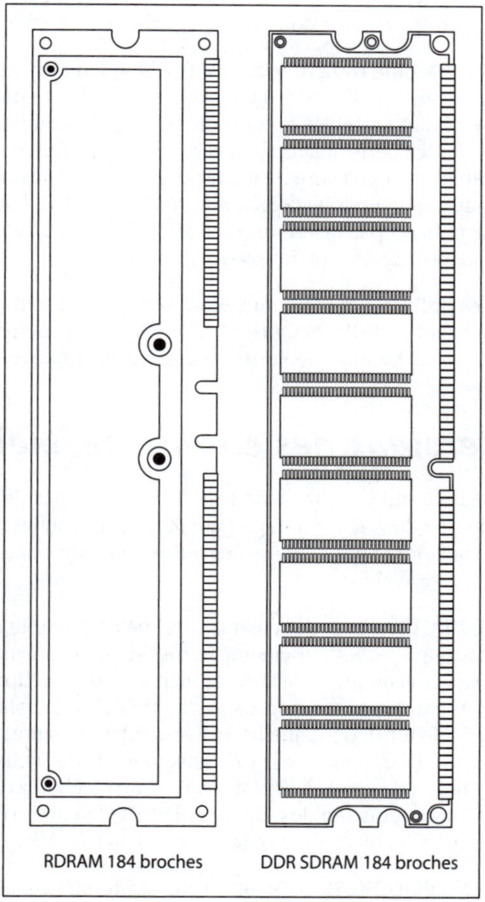

Figure 7.2 : Intel utilise des modules mémoire RDRAM à 184 broches pour les cartes mères destinées au Pentium 4. La plupart des autres fabricants utilisent la mémoire SDRAM ou DDR.

Verdict : Les modules DIMM sont souvent appelés *SDRAM*. Ils constituaient la règle au milieu des années 90.

RDRAM (*Rambus Dynamic Random Access Memory*) ou **RIMM :** La société Rambus a conçu ce nouveau genre de mémoire très rapide mais très onéreux à la fin des années 1990. Elle avait même prévu des radiateurs pour refroidir les circuits. Les performances de ces barrettes (environ 13 centimètres de long) ont plu à la société Intel à tel point qu'elle a décidé de construire son jeu de circuits pour Pentium 4 à partir de la mémoire RDRAM.

Verdict : Sauf si vous possédez un Pentium 4 avec une carte mère Intel, vous n'utiliserez sans doute pas ce genre de mémoire.

DDR SDRAM (Double Data Rate SDRAM) : Il s'agit du principal type de mémoire pouvant concurrencer la mémoire RDRAM. Ce nouveau style de mémoire réalise certaines optimisations au niveau du bus mémoire pour améliorer les performances. La carte mère doit être conçue spécifiquement pour ce genre de mémoire et les barrettes n'ont pas les mêmes détrompeurs que ceux des barrettes SDRAM. Autrement dit, vous ne pourrez pas insérer par inadvertance une barrette DDR dans une barrette SDRAM ou inversement.

Verdict : Les ordinateurs Pentium 4 et AMD XP qui ne sont pas équipés de mémoire RDRAM utilisent en général la mémoire DDR. Vérifiez dans tous les cas que votre carte mère la supporte.

Noms commerciaux des circuits mémoire

Votre ordinateur utilise sans doute l'un des quatre types de circuits mémoire décrits dans la section précédente. Vous rencontrerez les termes suivants lors de l'achat des barrettes mémoire ou quand vous irez sur des sites Web.

X **PC66/PC100/PC133 :** Le processeur central de l'ordinateur échange des informations avec les circuits mémoire via un bus mémoire (bus frontal). Selon la génération de la carte mère, le bus fonctionne à une vitesse différente, exprimée en *mégahertz* (MHz). Sur les plus anciennes machines, le bus fonctionne à 66 MHz, sur les suivantes, à 100 MHz puis enfin à 133 MHz. Pour éviter tout faux pas lors de l'achat, vérifiez la documentation de la machine. En cas de doute, achetez des modules mémoire plus rapides. Un module PC133 peut normalement fonctionner avec un bus mémoire limité à 100 ou à 66 MHz.

DDR200/DDR266/DDR333/DDR400 : Tous ces termes font référence à la vitesse d'horloge des circuits du type DDR. Les noms commerciaux utilisés pour ces circuits constituent un véritable casse-tête. Jugez plutôt.

Le modèle DDR200 fonctionne sur une carte mère dont le bus mémoire est à 100 MHz, mais il est souvent appelé DDR1600 ou même PC1600. Dans le même esprit, les circuits DDR226 sont destinés au bus mémoire à 133 MHz mais s'appellent souvent DDR2100 ou PC2100. De même, les circuits DDR333 sont destinés au bus à 167 MHz et sont souvent appelés DDR2700 ou PC2700. Enfin, les circuits DDR400 sont destinés à un bus à 200 MHz mais sont souvent appelés DDR3200 ou PC3200. Il existe même un modèle plus rapide appelé DDR533 et destiné à un bus à 266 MHz, mais que les commerciaux appellent souvent DDR4200 !

Mémoire pour les portables : Les ordinateurs portables utilisent en général des barrettes mémoire de plus petite taille (comme tous les autres éléments qu'il faut arriver à intégrer dans un si petit volume). Vous ne pouvez pas utiliser une barrette mémoire pour PC de bureau dans un portable, ni l'inverse. Vous devez acheter des barrettes spécialement conçues pour votre marque et votre modèle de portable.

Temps d'accès : Nous avons parlé plus haut du bus mémoire qui sert à échanger des informations entre les circuits mémoire et le processeur. Comment savoir plus précisément à quelle vitesse un module mémoire peut répondre à une demande d'information sur le bus ? Il suffit de s'intéresser au temps d'accès qui est mesuré en nanosecondes (ns). Plus la valeur est faible, plus la mémoire est rapide. (Comme pour la vitesse du bus mémoire, les circuits mémoire plus rapides peuvent sans problème remplacer les circuits mémoire plus lents, mais pas l'inverse.)

Evaluation de vos besoins mémoire

Avant d'acquérir de l'extension mémoire, étudiez les points suivants :

1. **Déterminez la quantité de mémoire dont votre ordinateur est actuellement doté.**

   Cliquez sur l'icône de travail et choisissez **Propriétés** dans le menu local. Vous verrez apparaître la quantité de mémoire physique dans le bas de la boîte de dialogue (Figure 7.3).

2. **Evaluez la quantité et le type de mémoire qu'il est possible d'ajouter sur la carte mère.**

   Consultez le manuel de la carte mère, ou visitez le site Web de son fabricant.

3. **Décidez de la quantité de mémoire à ajouter.**

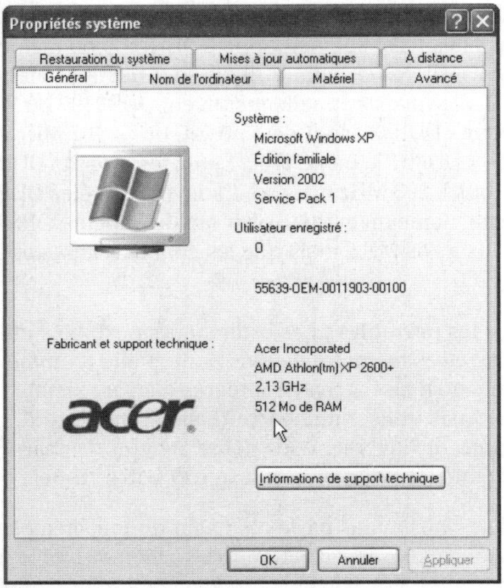

Figure 7.3 : Depuis Poste de travail, la commande Propriétés permet de savoir la quantité de mémoire disponible sur votre machine.

Plus vous avez de mémoire, mieux c'est. Mais dans quelles proportions ? Tout dépend de la manière dont vous utilisez votre machine. En règle générale, les traitements graphiques (montage vidéo, CAO) exigent beaucoup de mémoire.

4. **Vérifiez le nombre de connecteurs d'extension disponibles.**

   Voici l'étape un peu délicate. Deux scénarios sont possibles :

   - Si un ou plusieurs connecteurs d'extension mémoire sont libres, vous avez de la chance. En vous servant de ce que vous avez récolté au niveau des deux premières étapes, vous pouvez acheter un seul module offrant la meilleure capacité possible et supportable par votre système. (Mais vérifiez que vous ne dépassez pas la quantité de mémoire maximale supportée par la carte mère.) Il suffira d'insérer cette barrette dans un connecteur libre. Et vous aurez encore de la place pour d'autres évolutions.

   - Si tous vos connecteurs d'extension mémoire sont occupés, il faut faire un petit calcul. Vous devez enlever la barrette de la plus petite capacité pour faire de la place pour une barrette plus grande. Rappelons que le fait d'enlever une barrette de 64 Mo pour la remplacer par une barrette de 128 Mo n'augmente pas votre mémoire de 128 Mo, mais seulement de 64 Mo.

5. **Allez acheter la ou les barrettes mémoire.**

Installation de barrettes mémoire

Niveau de QI : 100.

Outils requis : Le manuel de la carte mère, un tournevis et éventuellement une pince à puce.

Coût : Environ 25 eurocents le mégaoctet, mais les prix changent sans cesse.

Points à surveiller : Plusieurs éléments sont à vérifier avant d'entreprendre une augmentation de la capacité mémoire :

- Tout d'abord, achetez des barrettes qui correspondent aux connecteurs de la carte mère. Nous avons vu qu'il en existait en plusieurs tailles.
- Ensuite, assurez-vous que les barrettes que vous achetez ont une vitesse d'accès adaptée aux performances de l'ordinateur.
- Achetez alors la capacité adéquate. Les cartes mères n'ont pas toutes les mêmes limites maximales d'espace mémoire.
- Sachez enfin que les anciens ordinateurs supposent que les barrettes SIMM à 72 broches (Figure 7.1) sont installées par deux. Les nouveaux ordinateurs utilisent des barrettes DIMM qui peuvent être installées une par une.

Nous avons déjà parlé de ces contraintes dans la section précédente. Il vous faut plus de temps pour bien choisir les bonnes barrettes mémoire que pour les installer.

Voici justement comment installer les barrettes :

1. **Eteignez l'ordinateur, débranchez-le et ouvrez le capot.**

Si le théâtre des opérations est sensible à l'électricité statique, achetez un bracelet antistatique pour relier votre poignet à l'ordinateur. Par mesure de précaution, il est toujours conseillé d'utiliser un tel équipement ou au moins de toucher le capot de l'ordinateur avant de toucher ses entrailles.

2. **Préparez la mise en place des barrettes.**

S'il y a beaucoup d'électricité statique, vous pouvez travailler pieds nus pour éviter la charge de votre corps. Il n'est cependant pas obligatoire de se mettre tout nu pour installer des barrettes mémoire.

Vous aurez peut-être besoin d'enlever une barrette mémoire existante pour la remplacer par une autre. Dans ce cas, déverrouillez la barrette au moyen des leviers et tirez-la vers le haut. (C'est l'opération inverse de celle que nous avons décrite.) Placez le module inutile dans un sac antistatique.

Vérifiez dans le manuel de la carte mère l'endroit où vous pouvez insérer les barrettes.

SIMM : Pour les barrettes SIMM, vous devez les introduire en biais dans les connecteurs (Figure 7.4), puis les ramener à la verticale jusqu'à entendre le clic de verrouillage. Il n'y a pas de risque d'erreur, car les barrettes SIMM ne peuvent être insérées que dans un sens. En cas de problème, essayez dans l'autre sens.

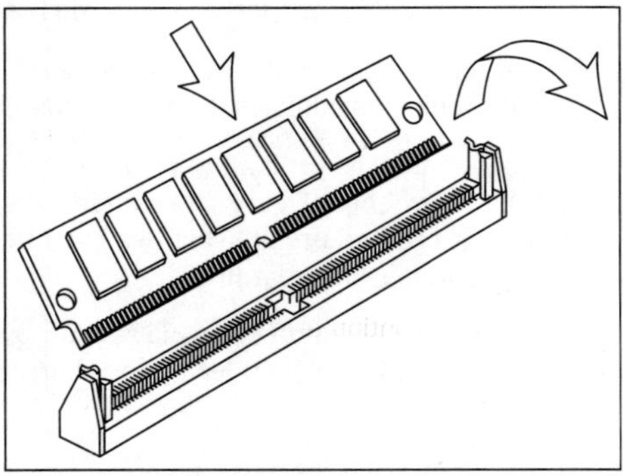

Figure 7.4 : Certaines barrettes SIMM doivent être insérées en biais puis relogées alors que d'autres sont insérées verticalement puis inclinées.

DIMM : Repérez les deux orifices dans le bas de la barrette DIMM. Ils doivent correspondre aux évidements et bossages prévus sur le connecteur (Figure 7.5). Approchez la barrette DIMM verticalement, puis mettez en place les petits leviers de verrouillage aux extrémités. Rappelons que les détrompeurs d'une barrette SDRAM sont différents de ceux d'une barrette DDR.

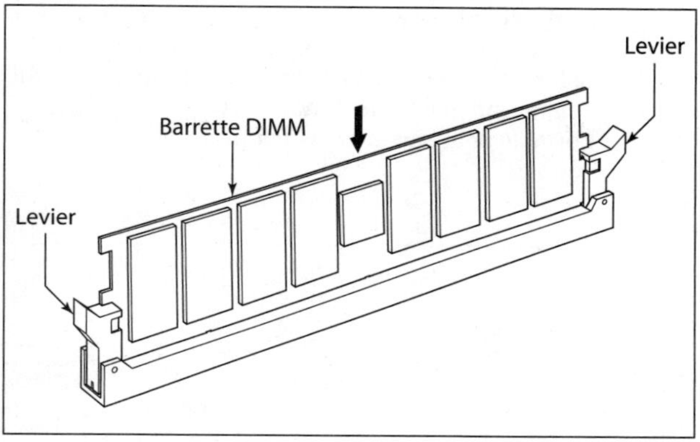

Figure 7.5 : Alignez les détrompeurs de la barrette DIMM avec les côtés et le dessous du connecteur et ramenez les leviers.

RDRAM (RIMM) : La mise en place se fait comme pour une barrette DIMM, en alignant les détrompeurs de la barrette avec les diviseurs du connecteur et en poussant jusqu'à entendre le verrouillage. La particularité des barrettes RIMM (Rambus) est que vous ne pouvez pas laisser de connecteur vide. Si vous n'avez pas assez de barrettes Rambus, vous devez mettre en place un *module de continuité* appelé *C-RIMM* (Figure 7.6). C'est une barrette sans circuit qui maintient la continuité électrique sur le connecteur.

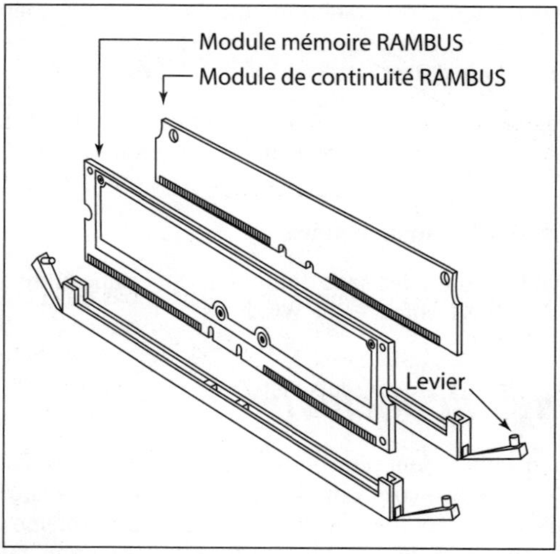

Figure 7.6 : Mettez en place, et ajoutez des modules de continuité si nécessaire.

Portables : Les barrettes mémoire utilisées sur les portables sont beaucoup plus petites et beaucoup plus chères. Il en existe différents modèles, mais pratiquement toutes s'installent comme indiqué Figure 7.7. Reportez-vous au manuel de votre portable pour savoir comment procéder.

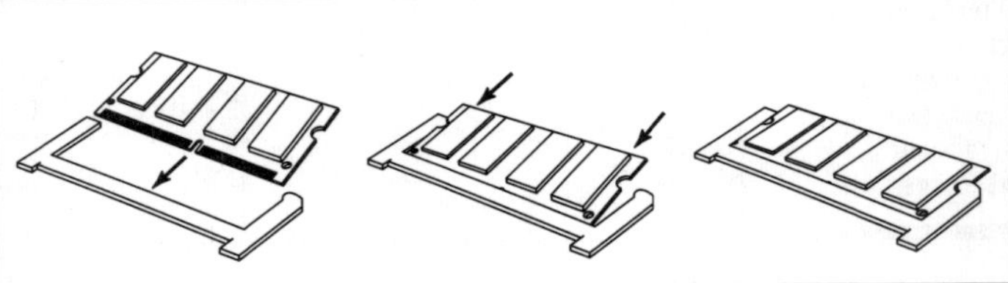

Figure 7.7 : Les barrettes s'insèrent dans un petit bâti sous un capot de protection.

3. **Revérifiez votre installation.**
4. **Rebranchez l'ordinateur et allumez-le.**

   Il est possible que la machine se réveille avec un message d'erreur concernant la mémoire. Même si le message vous angoisse, sachez que c'est une bonne nouvelle, car cela signifie que l'ordinateur a bien détecté la présence d'un nouveau composant.

   Normalement, l'ordinateur indique la quantité de mémoire qu'il a trouvée et vous demande de confirmer que c'est bien celle que vous avez installée.

   Si la machine ne reconnaît pas les nouveaux circuits mémoire, éteignez et vérifiez la bonne insertion des barrettes. Cela peut suffire.

5. **Remettez le capot en place.**

   Et voilà ! Vous allez sans doute remarquer une nette amélioration des performances de Windows.

Des problèmes de mémoire ?

Certaines machines sont plus pointilleuses que d'autres. En effet, elles n'apprécient pas que vous remplaciez des modules mémoire lents par des modules plus rapides. Si vous rencontrez un problème de ce type, essayez de l'isoler. Enlevez toutes les barrettes sauf une, rallumez la machine et voyez si le problème est toujours présent.

Si la machine fonctionne bien, réinsérez les barrettes une par une et rallumez entre chaque insertion. Vous finirez par découvrir la barrette qui entraîne le problème et qu'il faut remplacer par un modèle adéquat.

Chapitre 8

Disques durs et disquettes

Dans ce chapitre :

- Mise à jour d'un disque dur Windows.
- Installation d'un disque dur.
- Défragmentation d'un disque dur.
- Correction des erreurs disque.
- Les sauvegardes.
- Installation d'un lecteur de disquette.

Le disque dur est l'organe de rangement des ordinateurs. Parado xalement, plus sa capacité augmente, plus il est rapidement rempli.

Pour maîtriser cette explosion quantitative des informations, certains décident de remplacer leur disque par un autre de plus grande capacité. D'autres choisissent d'ajouter un second disque dur. De nos jours, les nouveaux bus de communication externes USB et FireWire permettent de brancher un disque dur en deux temps, trois mouvements, pour régler rapidement un problème d'espace de stockage de données.

Types de disques

Voici les types de disques les plus communément rencontrés :

- **IDE/ATA (Integrated Drive Electronics ou Intelligent Drive Electronics) :** Ce standard bon marché a connu son heure de gloire il y a quelques années. De nos jours, la plupart des disques durs utilisent une forme évoluée de la technologie IDE, souvent appelée ATA (pour *AT Attachment*).

- **UDMA, UIDE, AT-6, Fast ATA, Ultra ATA, UDMA et autres :** Il s'agit de technologies évoluées fondées sur la technologie IDE ATA. Elles permettent de meilleures performances et plus de capacité de stockage.
- **Serial ATA (SATA) :** Voici la plus récente évolution de la norme IDE/ATA, avec encore plus de performances.

  SCSI (Small Computer Systems Interface), Fast Wide SCSI, Ultra SCSI, Wide Ultra2 SCSI et autres : Se prononce comme ça s'écrit. Ces disques sont encore très courants chez les utilisateurs de haut de gamme et les administrateurs réseau. En revanche, la complexité d'une mise en œuvre d'une chaîne SCSI rebute les débutants.

Vitesses et capacités

- **Capacité :** Ce critère détermine la quantité de données pouvant être stockées sur le disque. 60 Go est devenu une capacité standard.
- **Temps d'accès ou de recherche (seek time) :** Le temps qu'il faut au mécanisme du disque pour trouver l'emplacement d'un fichier. Se mesure en millisecondes (ms). Plus la valeur est petite, mieux c'est.
- **DTR (Data Transfer Rate ou taux de transfert) :** Indique la vitesse à laquelle l'ordinateur peut transmettre les données après avoir localisé leur emplacement sur le disque. Plus le nombre est grand, mieux c'est. Les taux de transfert existent en deux variantes : mode rafale et mode soutenu.
- **Rafale/soutenu (Burst/sustained) :** Le mode rafale est un mode de fonctionnement dans lequel l'ordinateur recherche un bloc de données unique sur le disque. Dans le mode soutenu, on mesure le flux de données sur une plus longue période, par exemple lors de la lecture d'un gros fichier audio MP3 ou lors de l'écriture d'un fichier vidéo. Le mode rafale donne toujours des temps meilleurs que le mode soutenu.
- **5400/7200/10000 RPM :** Indique la vitesse de rotation du disque dur en tours/minute. Les disques durs qui tournent plus vite permettent de meilleures performances. Ils sont plus chers, plus bruyants et chauffent davantage.

Si vous avez besoin d'un disque dur pour du montage audio/vidéo, privilégiez les performances.

Matériel, mécanique et connexions d'un disque

- **Maître/Esclave/Cable Select :** Désigne le système permettant de relier un disque dur à la carte mère de l'ordinateur. En général, c'est le même câble qui relie un ou deux disques durs. Le disque permettant de démarrer le système d'exploitation (Windows) est obligatoirement le disque *maître* (master) ; l'autre disque est l'*esclave* (slave). Vous déterminez quel disque est le maître et lequel est l'esclave au moyen de cavaliers à l'arrière du disque. Certains disques sélectionnent leur état Maître/Esclave via leur emplacement sur le câble de connexion par le mécanisme de câble de sélection Cable Select (il faut dans ce cas positionner correctement le cavalier CS).

  Vous rencontrerez souvent les abréviations MA (Master), SL (Slave) et CS (Cable Select).

- **Cache :** De nos jours, les disques durs sont dotés d'un minimum de mémoire locale. Les circuits mémoire étant beaucoup plus rapides que les disques durs, cela permet de stocker une certaine quantité de données venant d'être lues du disque. Lorsque l'ordinateur demande à lire d'autres informations, le système vérifie d'abord si les données ne sont pas déjà dans le cache, ce qui évite d'accéder mécaniquement au disque. Plus le cache est spacieux, meilleures sont les performances.

- **Partition :** Subdivision d'un disque dur physique en plusieurs disques durs logiques. Lorsque vous déballez votre disque dur, c'est un objet de précision. Mais il n'est pas utilisable tel quel. Vous devez d'abord le partitionner. Ce traitement permet de définir les frontières entre plusieurs sous-disques logiques. Avec Windows, la plupart des gens se contentent d'une seule partition, celle qui a été créée lors de l'installation par le fabricant. Les partitions s'appellent également *volumes*, *lecteurs* ou *unités*.

- **Format :** Manière dont la surface magnétique d'une partition est préparée pour recevoir les données. Dès que vous avez créé une nouvelle partition sur un disque, vous devez procéder à cette opération de formatage pour que l'ordinateur puisse s'en servir. Toutes les nouvelles partitions doivent être formatées avant utilisation. (Windows XP privilégie le format de partition NTFS, et nous vous conseillons de l'utiliser lors du formatage d'un nouveau disque, surtout si vous faites de la vidéo.)

Double démarrage (Dual boot) : Technique consistant à faire cohabiter deux systèmes d'exploitation sur le même PC et permettant de démarrer tour à tour avec l'un ou l'autre.

- **Interne/externe :** Un disque interne s'installe à l'intérieur de l'ordinateur. Un disque externe (ou disque portable) se branche dans un connecteur des ports de communication rapide.

- **FireWire ou IEEE 1394 :** Norme de communication rapide. Les disques externes sont destinés à fonctionner avec le port FireWire.

- **USB :** Standard de communication disponible dans quasiment tous les PC de nos jours. Les ordinateurs un peu anciens possèdent un port à la norme USB 1.0, mais cela ne permet pas d'atteindre des performances suffisantes pour utiliser un disque dur externe. En revanche, la nouvelle norme USB 2.0 est aussi rapide que le FireWire.
- **PC Card :** La petite taille des portables a rendu nécessaire de trouver une autre solution pour les extensions. Le standard PC Card correspond à des cartes d'extension ayant à peu près la taille d'une carte bancaire. Certaines contiennent de minuscules disques durs et permettent de doter un portable d'un disque externe.
- **Microdrive :** Technologie inventée par IBM et correspondant à de minuscules disques durs installés sur une carte au format Compact Flash. Les disques Microdrive sont utilisés par quelques lecteurs MP3 et par quelques appareils photo numériques.

Etude des possibilités d'évolution

Si le disque C est hors service, vous ne pouvez plus démarrer votre ordinateur. Consolez-vous ! Au niveau mécanique, c'est la procédure de mise à jour de disque dur la plus simple. Vous démarrez à partir de zéro. Vous n'avez pas de décision complexe à prendre. Il suffit de remplacer le disque en panne par un disque plus récent, plus spacieux et plus rapide.

Si votre seul besoin est d'augmenter l'espace de stockage, il faut réfléchir avant de décider. Voici les possibilités :

- Ajouter un disque dur externe.
- Ajouter un second disque interne.
- Ajouter un second disque interne et le promouvoir en disque système en y installant Windows et utiliser l'ancien disque pour le stockage des données.

Que vous choisissiez la première ou la deuxième des trois options, il vous reste deux problèmes à gérer.

Tout d'abord, le disque C, sur lequel démarre et est installé Windows, n'aura pas plus de place pour autant. Comment y faire de la place ? Vous pouvez commencer par rechercher tous les fichiers de données volumineux (MP3, vidéos, documents PDF, etc.) et les déplacer vers le nouveau disque. Vous pouvez également désinstaller les applications les plus volumineuses du disque C pour les réinstaller sur le nouveau disque.

Voici un second problème : le nouveau disque est certainement plus spacieux et beaucoup plus rapide que l'ancien. Il serait beaucoup plus intéressant d'y installer le système Windows pour profiter des nouvelles performances. C'est pour cette raison que la plupart des gens décident d'opter pour la troisième option de notre liste ci-dessus : installer Windows XP sur le nouveau disque interne et conserver l'ancien disque système uniquement pour stocker des données.

Dans les trois sections qui suivent, nous allons découvrir une par une toutes ces possibilités et montrer comment réaliser la mise à jour.

Remplacement d'un disque interne en panne

Niveau de QI : 110.

Outils requis : Deux mains et un tournevis.

Coût : De 60 à 300 euros.

Points à surveiller : Un stress émotionnel certain. A moins d'avoir soigneusement sauvegardé vos données, les fichiers qui étaient sur le disque dur sont irrémédiablement perdus. Vous pourrez réinstaller les programmes depuis les CD d'origine.

1. **Achetez votre nouveau disque dur.**

Etudiez d'abord les câbles de l'ancien disque. Si c'est un câble plat (en général bleu), c'est sans doute un disque IDE/ATA. Pas de câble plat bleu ? C'est sans doute un disque Serial ATA. Achetez un disque du même modèle.

Optez pour un disque de grande taille rapide. Ne lésinez pas sur la qualité. N'achetez pas le moins cher à tout prix. Vous venez peut-être de vivre l'expérience d'un disque qui tombe en panne.

2. **Ouvrez le capot de l'unité centrale et examinez les connexions du disque.**
3. **Enlevez l'ancien disque et mettez le nouveau en place.**
4. **Configurez les cavaliers à l'arrière du nouveau disque pour qu'ils soient identiques à ceux de l'ancien disque.**

   Nous avons parlé des cavaliers Maître/Esclave dans la section précédente du chapitre. Si le disque en panne était le disque maître, le nouveau doit l'être aussi.

5. **Remettez en place le câble en nappe ou le câble série et celui de l'alimentation.**
6. **Fixez le disque dur dans son berceau.**

   Vous pouvez ensuite procéder à la création des partitions et au formatage comme indiqué plus loin. Vous pourrez installer Windows XP sur le nouveau disque comme décrit au Chapitre 17. Vous réinstallerez finalement les données sauvegardées.

7. **Réinstallez vos applications.**

Si l'ancien disque dur contenait des données vraiment précieuses, adressez-vous à une société de récupération des informations sur un disque dur. Ce service est fort coûteux.

Installation d'un disque externe

Niveau de QI : 90.

Outils requis : Vos mains.

Coût : Entre 100 et 400 euros.

Points à surveiller : Vous devez seulement vérifier que la technique de transfert de données utilisée par le disque dur externe envisagé soit reconnue par votre ordinateur (USB ou FireWire).

TRUC

Lorsque vous avez opté pour un disque dur externe, vous pouvez le débrancher et le rebrancher sur une autre machine. Vous disposez ainsi d'un excellent moyen d'échanger des données entre plusieurs machines et de sauvegarder vos données.

Pour installer un disque externe :

1. **Branchez le disque externe à son boîtier d'alimentation et reliez-le au secteur.**

2. **Si nécessaire, installez les pilotes logiciels du disque dur.**

   Vous devrez généralement partitionner et formater le nouveau disque dur.

3. **Branchez le disque externe sur votre port USB ou FireWire.**

   Si le disque est de type USB, repérez un port USB disponible à l'arrière ou en façade de la machine.

   Si c'est un disque de type FireWire, repérez le port marqué FireWire ou IEEE 1394.

   Dès que le disque est branché, Windows XP doit le détecter et ajouter une icône correspondante près de l'horloge (Figure 8.1).

Figure 8.1 : L'icône d'un disque dur externe.

4. **Attendez que cette nouvelle icône apparaisse dans votre fenêtre Poste de travail.**

   Vous ouvrez cette fenêtre à partir du menu Démarrer ou depuis le bureau.

5. **Double-cliquez sur l'icône du nouveau disque pour afficher son contenu.**

6. **Prenez la bonne habitude de prévenir Windows avant de déconnecter le disque.**

   ATTENTION !

   Si vous ne prévenez pas Windows que vous allez déconnecter un périphérique USB, et surtout un disque dur externe, vous risquez de perdre des données ou de les altérer. Parfois, vous pouvez même endommager le disque.

Dans la barre des tâches, cliquez-droit sur l'icône du disque externe et choisissez la commande **Retirez le périphérique en toute sécurité** (Figure 8.2).

Figure 8.2 : Cliquez-droit sur l'icône du disque externe avant de le débrancher.

Dès que Windows a procédé aux opérations permettant de le débrancher en toute sécurité, vous voyez apparaître une information (Figure 8.3) qui vous confirme que vous pouvez maintenant débrancher le disque.

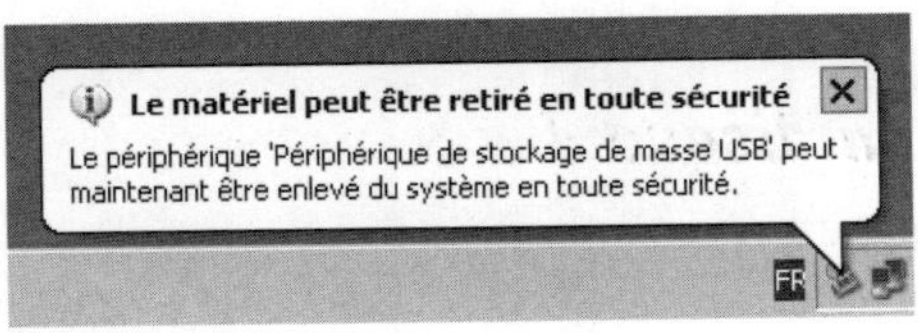

Figure 8.3 : Ne débranchez le disque externe qu'une fois que Windows vous autorise à le faire.

Ajout d'un second disque dur

Vous avez choisi d'acquérir un second disque dur au lieu de remplacer celui que vous avez déjà. Cette décision est motivée par un besoin de capacité. Voici comment se passe la cohabitation du nouveau disque avec l'ancien :

- **Utiliser le nouveau disque uniquement pour stocker des données.** Ce disque devient esclave du premier, ou bien maître sur le second port UltraDMA vide de votre PC.
- **Permuter le disque actuel et le nouveau en utilisant l'ancien uniquement pour stocker des données.** Dans ce cas, le nouveau disque doit devenir le maître et vous devez procéder ensuite à une installation complète de Windows XP (Chapitre 17). L'ancien disque système va devenir esclave.

Pour savoir comment configurer un disque dur en tant que maître ou esclave, regardez la documentation du disque. Il suffit souvent de regarder le schéma des cavaliers à l'arrière du disque. Les symboles sont identiques à ceux de la Figure 8.4.

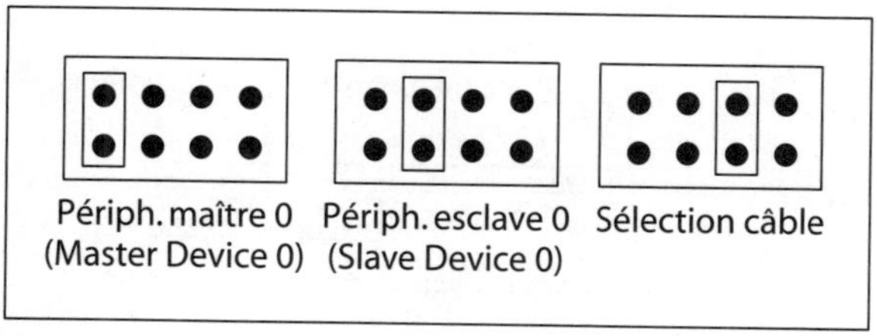

Figure 8.4 : Vous déplacez des cavaliers pour modifier la configuration du disque.

Ajout d'un disque dur esclave

Niveau de QI : 90.

Outils requis : Vos mains, un tournevis et un trombone.

Coût : Entre 60 et 200 euros.

Points à surveiller : Vous aurez peut-être besoin de rails ou d'un adaptateur mécanique pour installer le disque dur à côté de l'autre. Certains disques sont livrés avec ces accessoires, mais pas tous. Si vous ne parvenez pas à installer le disque dans des rails prévus à cet effet, il faudra peut-être acheter ces accessoires.

1. **Eteignez l'ordinateur, débranchez-le et ouvrez le capot.**
2. **Déballez votre nouveau disque dur et configurez-le comme esclave.**

Vous n'avez pas besoin de toucher à la configuration du premier disque, qui reste maître.

3. **Insérez le nouveau disque dans le bâti près de l'autre.**

   Normalement, l'ordinateur contient des berceaux pour porter les disques. C'est dans les berceaux que sont installés les autres périphériques de stockage (disque dur, CD-ROM et DVD). Cherchez un berceau vide, il y en a un en général en dessous ou au-dessus du premier disque.

4. **Branchez les deux câbles au nouveau disque.**

   Aidez-vous du schéma de la Figure 8.5.

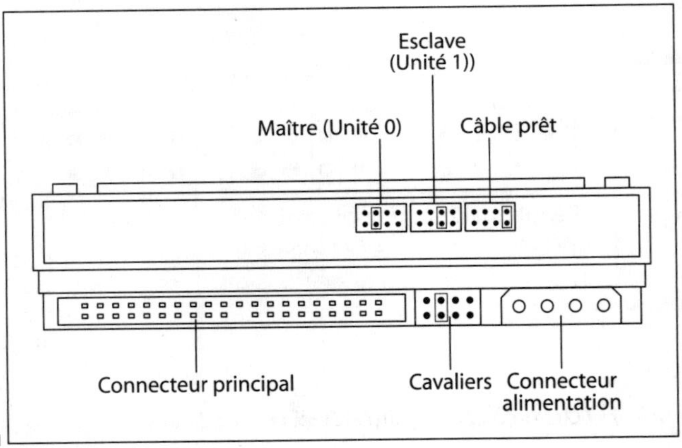

Figure 8.5 : L'arrière de ce disque dur montre un connecteur d'alimentation, un connecteur plat IDE et un ensemble de cavaliers.

   Câble en nappe : Regardez comment est inséré le connecteur du câble en nappe sur le disque existant et sur la carte mère.

   Vous devriez trouver un deuxième connecteur libre sur le même câble en nappe. Insérez ce connecteur dans la prise du nouveau disque (vous ne pouvez pas vous tromper de sens).

   Alimentation : Repérez l'alimentation du PC. Vous devriez voir sortir de celle-ci toute une série de câbles. Trouvez un connecteur d'alimentation libre et branchez-le dans votre disque (Figure 8.5). Vous ne pouvez pas vous tromper de sens non plus ici.

5. **Fixez le nouveau disque dur dans son berceau.**

Les câbles sont connectés ? Les cavaliers Maître/Esclave sont bien en place ? Vous pouvez fixer le disque au moyen des petites vis.

6. **Remettez le capot en place, branchez l'ordinateur et allumez-le.**

   Normalement, la machine va reconnaître le nouveau disque directement et vous verrez apparaître son nom à l'écran au début du démarrage. Si rien n'apparaît et si Windows ne détecte pas le disque, reportez-vous à la section concernant l'absence de détection par Windows à la fin du chapitre.

7. **Si nécessaire, procédez au partitionnement et au formatage du nouveau disque.**

Installation de Windows sur un second disque

Votre disque d'origine est sans doute un peu ancien et donc moins performant que le nouveau. Ce dernier est également plus spacieux. Il semble donc intelligent d'envisager l'installation de Windows (surtout la version XP) sur le nouveau disque. L'ancien disque servira uniquement au stockage de données. Le processus est plus compliqué que le simple ajout d'un second disque vu plus haut.

Pour gagner du temps dans cette opération de migration de Windows XP vers un nouveau disque dur, vous pouvez acheter un logiciel de copie physique de disque tel que DriveImage de PowerQuest. Cet outil prend une image exacte de l'ancien disque et le transfère sur le nouveau. Le système Windows XP, tous les programmes et toutes les données seront disponibles sur le nouveau disque.

Niveau de QI : 120.

Outils requis : Vos mains, un tournevis et le CD original de Windows XP.

Coût : Entre 60 et 200 euros.

Points à surveiller : Pour installer Windows XP sur un autre disque, vous devrez modifier la configuration des disques. Prévoyez du temps.

Dans cette section, nous vous invitons à utiliser l'outil de Windows XP nommé **Assistant Transfert de Fichiers et de Paramètres** (Chapitre 18). Cet assistant s'occupe du transfert de toutes les données de l'ancien vers le nouveau disque.

Vous aurez peut-être besoin de rails de montage du disque dur, car certains disques ne sont pas livrés avec. Dans ce cas, allez en acheter avant de commencer l'opération.

1. Installez le nouveau disque comme esclave puis partitionnez et formatez.

Vous allez d'abord installer le nouveau disque en tant qu'esclave, mais de façon temporaire. Servez-vous des instructions données dans la section précédente. Laissez cependant le capot ouvert ; vous aurez besoin de modifier la configuration des deux disques par la suite. Passez ensuite à l'étape 2 ci-dessous.

TRUC

Si vous disposez de Windows XP et du logiciel DriveImage de PowerQuest, c'est maintenant qu'il faut l'utiliser. Suivez les instructions pour faire une copie image de l'ancien vers le nouveau disque. Avec DriveImage, passez directement à l'étape 4.

2. Lancez l'outil de transfert de fichiers et de paramètres de Windows XP.

Allez au Chapitre 18 pour consulter des instructions détaillées sur cet outil. Voici le principe général :

1. **Lancez l'outil Assistant Transfert de Fichiers de Paramètres.**

   Vous devez disposer du CD original de Windows XP pour lancer.

2. **Indiquez à l'assistant que vous êtes sur l'ancien ordinateur. Au bout d'un certain délai, une fenêtre apparaît.**

3. **Indiquez Autre comme méthode de transfert.**

   Utilisez le bouton **Parcourir** pour choisir le nouveau disque comme destination (normalement, l'unité D:). Choisissez ensuite les informations à transférer. L'assistant va tout rassembler et recopier les données sur le nouveau disque. Puisque ce disque est déjà prêt à recevoir des données, vous disposez en fin de procédure d'une sauvegarde complète de données.

3. Eteignez la machine pour permuter les disques maître et esclave.

L'astuce est la suivante : vous allez inverser la configuration des deux disques durs pour que l'ordinateur cherche à démarrer depuis le nouveau disque.

1. **Arrêtez l'ordinateur et inversez la position des cavaliers sur chacun des deux disques.**

2. **Si nécessaire, inversez les câbles.**

   Quelle que soit la configuration Maître/Esclave, je préfère personnellement toujours connecter le disque maître à la fin du câble.

4. Procédez à l'installation de Windows XP et des applications.

Arrivé à cette étape, votre nouveau disque maître contient déjà toutes les données transférées au moyen de l'assistant ou même le système complet si vous avez utilisé un outil tel que DriveImage. Si vous n'avez pas utilisé cet outil, il reste à installer Windows XP sur le nouveau disque.

1. **Procédez à l'installation de Windows XP.**

   Vous devez posséder le CD original de Windows XP (nous détaillons le système au Chapitre 17).

   Rappelons que le nouveau disque est déjà partitionné et formaté. Ne laissez pas Windows XP procéder à ces deux opérations, car il effacerait toutes les données et paramètres que vous avez transférés depuis l'ancien disque.

2. **Installez les applications sur le nouveau disque.**

5. Lancez l'assistant de transfert de fichiers et paramètres.

Il s'agit de la seconde exécution de cet outil. La première fois, nous avons désigné les données et les paramètres à transférer de l'ancien vers le nouveau disque. Dans cette seconde exécution, l'assistant va récupérer les fichiers et les paramètres pour les placer au bon endroit sur le même disque.

1. **Lancez l'assistant.**

   Vous pouvez accéder directement à cet assistant depuis le menu principal du CD de Windows XP.

   Vous pouvez aussi y accéder au moyen de la catégorie **Accessoires** de votre menu **Démarrer**. Choisissez **Outils système**. Vous verrez la commande pour lancer l'assistant.

2. **Indiquez à l'assistant que vous êtes sur le nouvel ordinateur.**

3. **Choisissez la méthode de transfert Autre.**

   C'est en choisissant Autre que vous pourrez désigner l'endroit où se trouvent les fichiers déjà transférés. Désignez le répertoire qui avait été créé lors du transfert (il se trouve sur votre disque C qui était auparavant le disque D). Indiquez ensuite à l'assistant où placer les informations.

   Si vous avez envie de tout transférer, vous pouvez ensuite reformater le disque comme indiqué dans la section suivante. Vous disposez ainsi d'un disque remis à neuf.

Rappelons que le reformatage supprime toutes les données. S'il y a encore des choses à récupérer, ne faites pas cela.

Partitionnement et formatage d'un disque

Votre système d'exploitation ne peut pas utiliser un disque dur s'il n'est pas partitionné et formaté. Sous Windows XP, créer une partition et formater un disque sont devenus des choses simples. En général, le système choisit les bons paramètres pour vous ; il suffit de cliquer sur le bouton Suivant à chaque étape.

Voici la procédure pour partitionner et formater un disque sous XP :

1. **Ouvrez le menu Démarrer, cliquez-droit sur Poste de travail et choisissez Gérer.**

   Vous voyez apparaître la fenêtre principale *Gestion de l'ordinateur* (Figure 8.6).

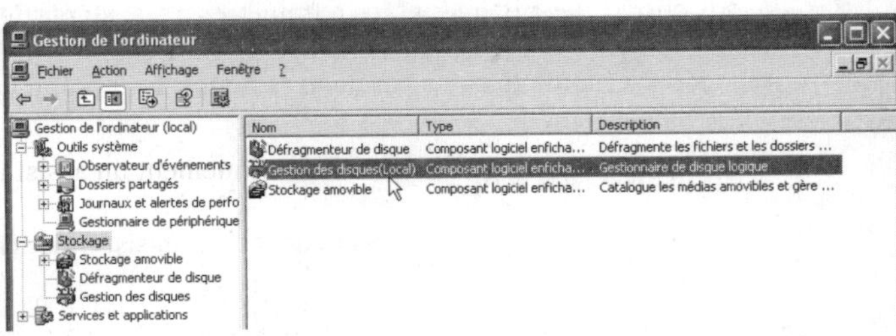

Figure 8.6 : L'outil Gestion de l'ordinateur de XP permet d'accéder à de nombreux éléments de la machine.

2. **Double-cliquez sur la ligne de la liste de gauche intitulée Stockage pour accéder au détail, puis cliquez dans la ligne Gestion des disques.**

   Vous pouvez aussi cliquer sur le signe plus de la ligne Stockage (Figure 8.6) pour accéder aux détails. Dès que vous cliquez sur **Gestion des disques**, Windows XP présente tous les lecteurs dans le volet droit (Figure 8.7).

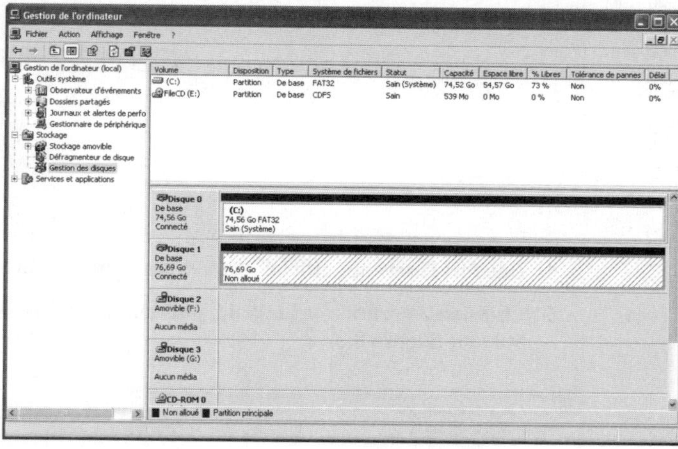

Figure 8.7 : Le système présente des informations au sujet des disques et permet de formater et de partitionner un nouveau disque.

Windows XP présente au moins trois disques :

- **Disque 0 :** Le disque système C: sur lequel se trouve XP.
- **Disque 1 :** Le disque venant d'être installé ou bien l'ancien disque. Normalement, il est non alloué. Une fois qu'il sera partitionné et formaté, il correspondra à un nouveau disque avec une lettre d'unité.
- **CD-ROM 0 :** C'est le lecteur de CD du PC. Vous pouvez voir apparaître d'autres lignes selon la configuration.

Parfois, le système lance automatiquement un assistant pour vous aider à procéder au partitionnement et au formatage. Si c'est le cas, suivez les instructions. S'il n'y a pas d'assistant, voici comment procéder :

3. **Cliquez-droit sur la fenêtre du nouveau disque et choisissez Nouvelle partition.**

Cliquer dans la barre du nouveau disque fait apparaître des hachures (Figure 8.8) pour montrer qu'il est sélectionné. Il suffit ensuite de choisir la commande de création de partition dans le menu local pour accéder à l'assistant.

Figure 8.8 : Cliquez-droit dans la zone du nouveau disque et choisissez la commande de nouvelle partition.

4. **Une fois l'assistant affiché, cliquez sur le bouton Suivant.**
5. **Choisissez Partition principale, puis cliquez sur le bouton Suivant (Figure 8.9).**

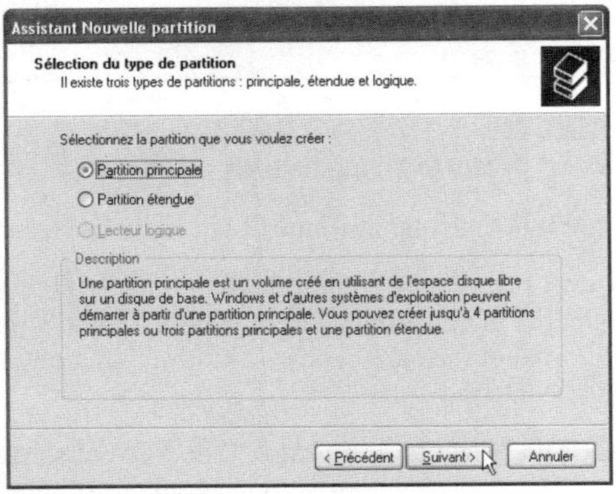

Figure 8.9 : Choisissez Partition principale.

6. **Choisissez la taille de la partition, puis cliquez sur Suivant.**

   Windows XP sait gérer des partitions de très grandes tailles. Choisissez la plus grande possible. (Elle est en général proposée automatiquement par XP, comme le montre la Figure 8.10.)

7. **Choisissez l'option Affecter la lettre d'unité suivante et cliquez sur Suivant.**

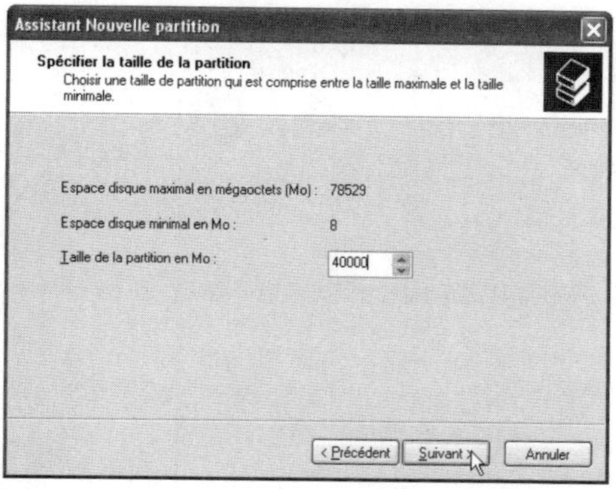

Figure 8.10 : Choisissez la plus grande taille de partition offerte.

La Figure 8.11 montre que XP propose la première lettre disponible en décalant les lecteurs de CD et de DVD. Vous pouvez changer de lettre si vous savez pourquoi.

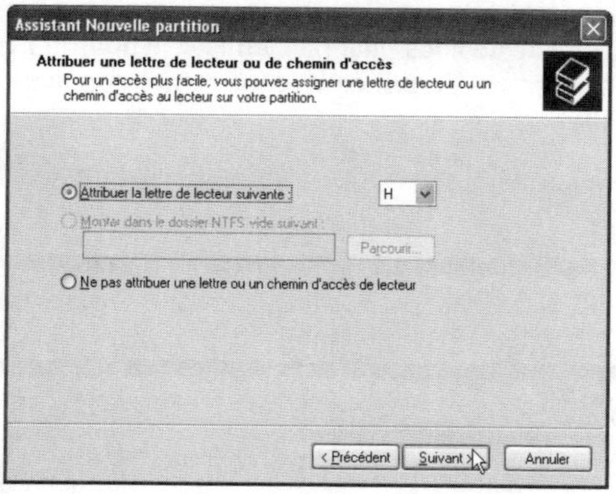

Figure 8.11 : Choisissez la lettre d'unité proposée par XP. Vous pouvez la changer plus tard.

8. **Lancez le formatage de la nouvelle partition et cliquez sur Suivant.**

Une fois la partition créée et la lettre d'unité affectée, il reste à formater le disque. XP propose la meilleure solution (Figure 8.12). A priori, il propose le format NTFS avec une taille d'allocation standard. Vous pouvez changer le nom donné à ce disque en fonction de vos préférences.

Un disque NTFS n'est pas reconnu par Windows Me, Windows 98 et les versions antérieures de ce système d'exploitation.

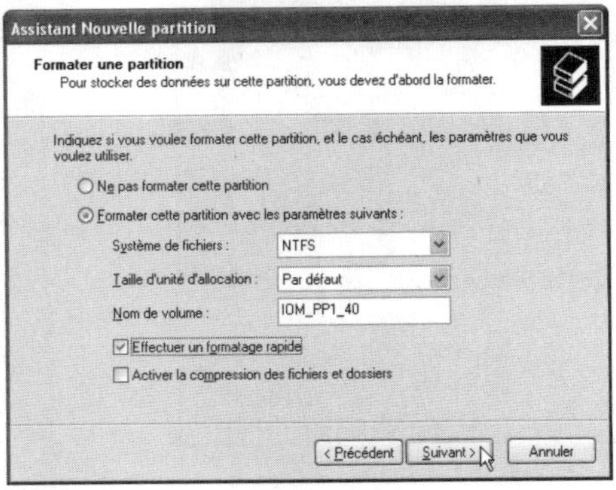

Figure 8.12 : Sous Windows XP, choisissez sans hésiter le format NTFS et laissez la deuxième option telle quelle. Vous pouvez changer le nom du disque.

9. **Cliquez sur Terminer.**

   L'assistant rappelle vos choix dans une dernière page. Si quelque chose ne vous plaît pas, utilisez le bouton **Précédent**. Sinon, cliquez sur **Terminer** et le formatage commence (Figure 8.13).

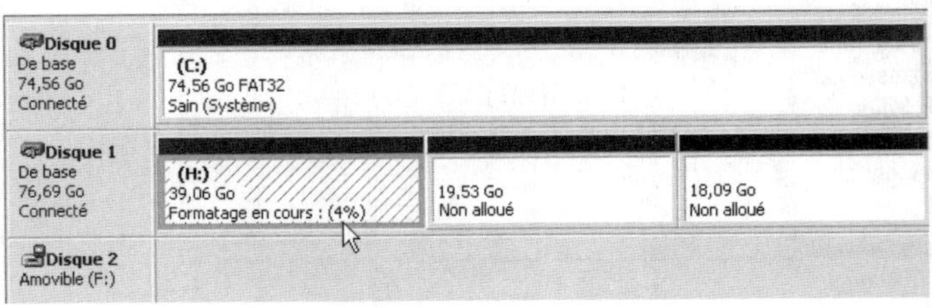

Figure 8.13 : Progression du formatage dans le volet inférieur droit de la fenêtre de gestion de l'ordinateur.

Une fois que le partitionnement et le formatage sont terminés, la fenêtre de gestion de l'ordinateur présente un aspect semblable à celui de la Figure 8.14.

TRUC

Si vous installez Windows XP sur le nouveau disque, vous n'avez pas à vous inquiéter du processus de partitionnement et de formatage. En effet, le système va s'en charger au cours de l'installation. Voyez le Chapitre 17 pour d'autres détails.

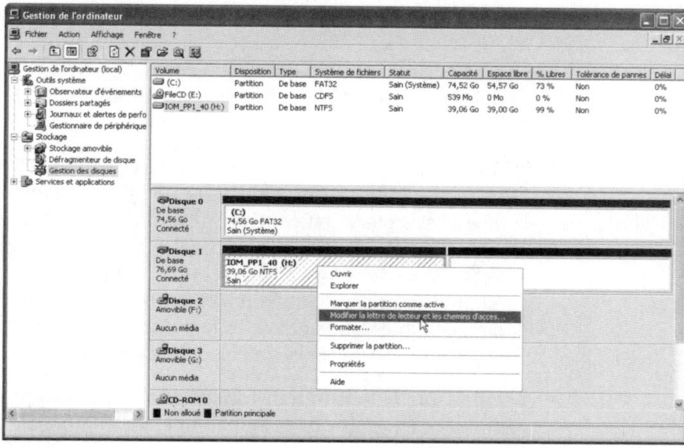

Figure 8.14 : Le formatage de la nouvelle partition est achevé.

- Pour changer la lettre d'une unité de disque, cliquez-droit dans l'icône du disque de la fenêtre *Gestion de l'ordinateur* (Figure 8.14) et choisissez la commande **Modifier la lettre de lecteur et les chemins d'accès**. Vous pouvez choisir la lettre comme bon vous semble. Vous pouvez réaffecter les lettres qui sont utilisées par les lecteurs graveurs de CD et de DVD. Vous faites ainsi de la place pour la lettre dont vous avez besoin pour votre nouveau disque.

  ATTENTION !

  En général, cela ne pose pas de problème de changer la lettre d'un CD ou d'un DVD. En revanche, méfiez-vous avant de réaffecter la lettre d'un disque dur qui contient des applications. Il est fort probable qu'elles ne fonctionnent plus ensuite.

- Si Windows XP prétend qu'il ne trouve pas quelque chose sur un CD ou un DVD une fois la lettre changée, utilisez le bouton **Parcourir** pour désigner la nouvelle lettre du lecteur.

Correction de quelques problèmes de disque dur

Lorsque vous avez du mal à installer un disque dur, la quantité de problèmes est proportionnelle à l'âge de l'ordinateur. Voici avant tout deux choses à vérifier en cas de problème :

- **Vérifiez que vous utilisez bien des nappes à 80 fils, adaptées aux nouveaux disques d'aujourd'hui.**

- **Vérifiez une fois de plus toutes vos connexions.** Le câble en nappe est-il bien enfoncé du côté disque et du côté carte mère ? La prise d'alimentation du disque est-elle bien branchée ? Les cavaliers Maître/Esclave et sélection de câble sont-ils bien placés ?
- **Tentez-vous de démarrer avec un disque vide ?** Il est impossible à l'ordinateur de faire démarrer un système d'exploitation si le disque système n'en contient pas. Faites redémarrer la machine à partir du CD original de Windows placé dans le lecteur. Procédez alors à l'installation du système. Pour une version plus ancienne de Windows, utilisez la disquette de démarrage que vous pouvez créer au moyen du panneau de configuration (**Ajouter/Supprimer des programmes**).
- **Vérifiez que le ventilateur fonctionne bien.** Lorsque la chaleur commence à monter dans la machine, les composants tombent en panne les uns après les autres.

Windows ne reconnaît pas tout l'espace du disque

Lorsque vous démarrez la machine, vous voyez apparaître du texte à l'écran. C'est le BIOS qui détecte normalement tous les disques et transmet leurs noms au système Windows. Dans certains cas, les détections effectuées par le BIOS entraînent des problèmes. Voici quelques solutions :

BIOS mal configuré : Le BIOS peut utiliser deux techniques pour reconnaître les disques durs. Soit vous spécifiez tous les paramètres manuellement (nombre de cylindres, de têtes et de secteurs, etc.), soit vous laissez le BIOS détecter automatiquement le disque.

Vérifiez que le BIOS est bien configuré pour détecter automatiquement les disques durs. Les détails de configuration changent d'un BIOS à l'autre, et vous pouvez en général chercher dans la catégorie Configuration disque ou IDE.

BIOS trop ancien : La capacité des disques durs n'a cessé de croître, plus vite que d'autres technologies informatiques. Sur les ordinateurs antérieurs à 1994, le BIOS n'était pas prévu pour gérer des disques d'une taille supérieure à 504 Mo (un demi-Go). La génération suivante acceptait des disques jusqu'à 8,4 Go. Une nouvelle évolution a fait monter la barre jusqu'à 32 Go.

La solution au problème est de tenter de mettre à jour le BIOS. Prenez contact avec le fabricant ou visitez son site Web. Si vous y trouvez encore une page faisant référence à la machine dont vous disposez, vous pourrez y apprendre si le BIOS peut être mis à jour et quelles sont ses limites actuelles.

Lorsque votre ordinateur démarre, vous pouvez, en faisant vite, lire le numéro de la version affiché tout au début. Comparez ce numéro au numéro de la plus récente version indiqué sur le site Web du fabricant. Voyez si vous pouvez télécharger puis installer une mise à jour.

Formatage incorrect : Les disques durs de très grande capacité que l'on trouve de nos jours n'utilisent plus les anciennes méthodes de formatage. Le format utilisé de préférence sous Windows XP est NTFS. Il permet de gérer tous les disques. Windows XP offre cependant l'ancienne méthode qui correspond au format FAT32.

La solution consiste à reformater la partition au format NTFS. Le format FAT32 sert uniquement à ceux qui ont besoin de pouvoir lire les données également depuis une version plus ancienne de Windows.

Défragmentation d'un disque

Sur un disque neuf, le système stocke les différentes portions de chaque fichier les unes après les autres. Mais au fur et à mesure des suppressions et des recréations de fichiers, les différents morceaux des fichiers sont répartis sur toute la surface du disque.

Les trous créés par la suppression de certains fichiers sont ensuite remplis par les nouveaux fichiers. L'ordinateur essaie toujours de remplir en partant du début du disque. Il en résulte au bout d'un certain temps une fragmentation du stockage.

Une fois qu'un fichier est fragmenté, rien ne change au niveau de la qualité des données, mais la vitesse à laquelle elles sont reconstituées augmente de plus en plus. En effet, il faut déplacer les têtes de lecture d'un endroit à l'autre au-dessus de la surface pour récupérer les différentes portions de chaque fichier.

Pour supprimer cette *fragmentation,* il n'y a qu'une solution : utiliser un logiciel de défragmentation. Cet outil lit les différents morceaux de chaque fichier et les positionne les uns à la suite des autres.

Voici comment lancer une défragmentation de disque et récupérer les performances d'origine :

1. **Cliquez-droit dans l'icône du disque dur et choisissez Propriétés.**

   Vous pouvez accéder à cette icône depuis la fenêtre Poste de travail ou depuis l'Explorateur. Windows indique la capacité du disque et la quantité d'espace libre.

2. **Cliquez dans l'onglet Outils puis dans le bouton Défragmenter maintenant.**

3. **Cliquez sur le bouton Analyser.**

   Vous indiquez ainsi à Windows XP de lancer une analyse du disque pour connaître son taux de défragmentation (Figure 8.15).

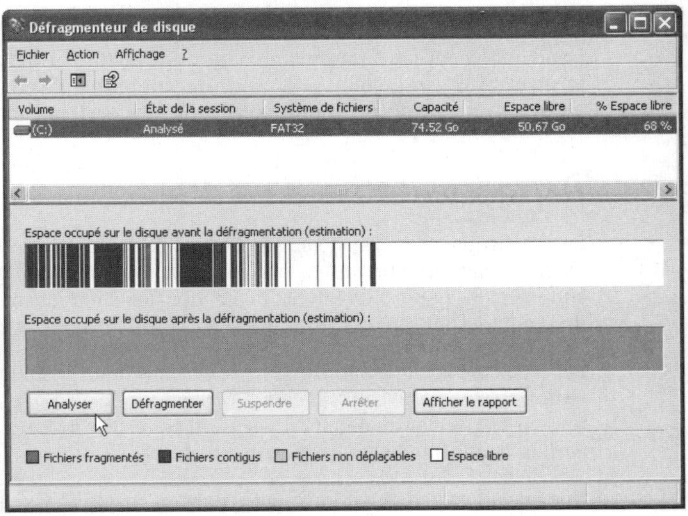

Figure 8.15 : L'outil de défragmentation de Windows XP.

- S'il ne reste que moins de 15% d'espace libre sur le disque, la défragmentation va prendre beaucoup de temps. Vous pouvez dans ce cas envisager l'achat d'un disque de plus grande capacité ou d'un second disque.
- Une fois que Windows a terminé la défragmentation, il affiche un rapport. Certains fichiers ne peuvent pas être défragmentés.

Vérification des disques

Un disque peut perdre des données à cause d'un manque d'intégrité. Si une coupure de courant se produit ou si un programme se bloque, le système peut perdre les pédales et oublier d'écrire des données sur le disque. Ces moments de perte provoquent des *erreurs disques*. Windows peut réparer ces erreurs de stockage si vous suivez les instructions ci-dessous :

1. **Cliquez-droit sur l'icône du disque dur et choisissez Propriétés.**
2. **Cliquez sur l'onglet Outils.**
3. **Cliquez sur le bouton Vérifier maintenant.**
4. **Cochez toutes les cases d'options.**
5. **Cliquez sur le bouton Démarrer.**

   Dans certains cas, le système peut vous demander de redémarrer pour pouvoir effectuer l'analyse. Bien sûr, la durée de l'analyse est proportionnelle à la capacité du disque. Une fois l'analyse achevée, l'outil présente une boîte offrant un bilan du nombre d'erreurs trouvées et réparées.

Si la configuration de l'outil d'analyse le demande, le système va stocker les données perdues correspondant aux erreurs dans des fichiers portant des noms du style **FILE000.CHK**, **FILE001.CHK**, **FILE002.CHK**. Vous pouvez les supprimer. Seuls les experts savent parfois en récupérer le contenu.

Sauvegarde d'un disque dur

Tout a une fin, y compris le contenu d'un disque dur. Il est donc essentiel de faire régulièrement une copie de sauvegarde du contenu de votre disque dur. Le Tableau 8.1 présente les techniques de sauvegarde les plus répandues avec leurs avantages et leurs inconvénients.

Installation d'un lecteur de disquettes

Les lecteurs de disquettes font partie des espèces en voie de disparition. Malgré cela, ce périphérique est souvent indispensable au démarrage d'un ordinateur.

Tableau 8.1 : Techniques de sauvegarde de disque dur.

Méthode	Avantages	Inconvénients
Programme de sauvegarde sur disquettes.	Economique et fourni avec Windows.	Adapté voici dix ans lorsque vingt disquettes suffisaient pour un disque de 20 Mo. Avec un disque de 40 Go, il faut prévoir 28 000 disquettes.
Programme de sauvegarde et dérouleur de bande.	Assez bon marché. Permet une sauvegarde automatique, qui peut donc être lancée plus souvent.	L'installation d'un dérouleur de bande reste simple et permet une grosse capacité, mais c'est lent. Choisissez un dérouleur de haute qualité plus fiable.
Graveur de CD.	Assez bon marché. Un CD vierge coûte moins d'un euro et accepte 600 Mo.	Assez lent et oblige à rester devant la machine pour insérer le CD vierge suivant jusqu'à avoir sauvegardé 40 Go ou plus.
Disque optique	Très fiable.	Trop coûteux pour un particulier. Utilisé dans les entreprises.
Disque dur externe combinant la sauvegarde et le stockage.	De plus en plus bon marché, facile à installer et à exploiter. Polyvalent.	Aucun.

Niveau de QI : 80.

Outils requis : Vos mains et un tournevis.

Coût : Moins de 50 euros.

Points à surveiller : Un utilisateur de Windows XP n'a plus besoin de lecteur de disquettes, car vous pouvez démarrer le système depuis le lecteur de CD.

Voici comment remplacer le lecteur de disquettes :

1. **Eteignez l'ordinateur, débranchez-le et enlevez le capot.**
2. **Enlevez les câbles de l'ancien lecteur.**
3. **Dévissez les vis qui le maintiennent dans le berceau.**

4. **Sortez l'ancien lecteur et insérez le nouveau.**
5. **Reconnectez les deux câbles et revissez le bâti.**
6. **Testez le lecteur.**

   Rallumez la machine, insérez une disquette et voyez si vous pouvez en lire le contenu. Si tout va bien, éteignez, débranchez et remettez le capot en place.

Troisième partie

Les outils du plaisir

"Super ! Une webcam ! Il faut
que tu la fasses pointer sur un truc intéressant.
Tiens, l'aquarium. Parfait, l'aquarium !"

Dans cette partie...

Voici une partie qui montre qu'un ordinateur ne sert pas uniquement à faire des calculs. Filmez, photographiez, créez… Un ordinateur c'est aussi fait pour cela.

Chapitre 9

APN et caméscopes numériques

Dans ce chapitre :

- Mise à jour d'un ordinateur pour le montage vidéo.
- Mise à jour d'un ordinateur pour la photo numérique.

Pendant des années, les ordinateurs personnels ont surtout servi à remplacer les machines à écrire. De nos jours, ils remplacent peu à peu les albums photos et les bobines de vidéo super-8 des vacances. De plus en plus de gens remplacent leur vieil appareil photo par un appareil numérique et/ou par un caméscope. Il n'y a plus besoin d'attendre que les photos soient développées. Vous profitez immédiatement de vos œuvres dès que l'appareil est connecté à votre PC.

Mise à jour d'un ordinateur pour le montage vidéo

La plupart des gens ne cherchent pas à améliorer les vidéos qu'ils tournent. Ils invitent leurs copains à une soirée et passent en revue toutes les cassettes ramenées de leurs voyages ou de leurs vacances, en faisant marche avant rapide pour passer la séquence stupéfiante montrant ce que filme le caméscope laissé allumé dans le sac.

Pourtant, les programmes de montage vidéo rendent cette opération plus simple que jamais. Une fois que vous avez transféré vos fichiers sur le PC, vous pouvez glisser/déplacer les parties qui vous intéressent pour obtenir un produit fini.

Voyons comment équiper votre ordinateur pour monter vos films sur ordinateur. Si vous utilisez Windows XP sur une machine récente, et si vous exploitez un caméscope numérique, le budget peut se réduire à 50 euros environ. Plus la machine est ancienne, plus le prix augmente.

Capture de sons et de vidéos analogiques

Les premiers caméscopes, tous les magnétoscopes et même la télévision sont des équipements analogiques. Leur signal sonore est depuis longtemps simple à capturer parce que tous les ordinateurs de nos jours disposent d'une carte son dotée d'une entrée ligne en plus de l'entrée microphone. Il suffit de relier les deux via un câble en se branchant sur l'entrée **Line In** et en branchant l'autre extrémité sur la sortie casque de la télévision ou du magnétoscope, ou la sortie audio du caméscope. La carte son contient un convertisseur analogique/numérique pour le son. D'ailleurs, la plupart des cartes sont également livrées avec un logiciel d'édition audio.

En revanche, rares sont les ordinateurs qui disposent d'une entrée vidéo. Il n'est donc pas évident de capturer de la vidéo analogique. Il faut un convertisseur analogique/numérique vidéo. Ce genre d'équipement est souvent appelé *système d'acquisition vidéo*. Il prend normalement la forme d'une carte d'extension (l'installation est expliquée au Chapitre 6). Vous branchez donc votre câble entre la sortie vidéo du caméscope ou du magnétoscope et l'entrée **Video In** de la carte de capture pour transférer vos films.

Autrement dit, vous enregistrez le son via la carte son et la vidéo via la carte de capture vidéo. Dans certains cas, la carte de capture gère le son. Dans ce cas, vous utilisez de préférence les entrées audio de la carte d'acquisition pour capturer le son en même temps que l'image. La plupart des logiciels de montage vidéo savent réunir les deux parties.

TRUC

Il existe des équipements de capture vidéo externes qui se branchent sur le port USB (mais pas encore fréquemment sur le port à la norme 2.0). Le port USB 1.1 n'est pas assez rapide pour capturer de la vidéo en haute résolution, mais cela suffit pour une faible résolution telle que celle d'une webcam. Attention, car bon nombre de ces boîtiers capturent la vidéo dans une résolution de 384 x 288 pixels au lieu de 720 x 576. L'image n'est donc pas aussi bonne.

Le Tableau 9.1 présente les câbles et connecteurs que vous pouvez rencontrer pour les travaux de capture de son et d'images analogiques.

Tableau 9.1 : Jacks, câbles et ports de captures de vidéo et de son analogiques.

Port	Nom	Où il se trouve	A quoi il sert
ma024	RCA	Carte de capture vidéo, magnétoscope, certaines télés et caméscopes	Prise jaune pour la vidéo. Prise rouge pour le canal droit du son et blanche ou noire pour le canal gauche. (Branchez dans le canal gauche pour le mono.)
ma025	S-Video	Téléviseur, magnétoscope de haut de gamme, lecteur de DVD et caméscope.	Le port S-Video permet des transferts de haute qualité, meilleurs que le port RCA. La partie son est transmise par le port RCA.
ma026	Line In	Toutes les cartes son et les petits caméscopes et magnétoscopes. Prise câble des téléviseurs.	Si vous ne trouvez pas de port RCA pour le son, cherchez ce petit connecteur rond. C'est le même que les prises casque des radios. Cherchez bien la mention Line In pour ne pas vous brancher sur l'entrée microphone.

Capture de son et de vidéo numériques

Par nature, les fichiers en provenance d'équipements numériques tels que les APN et les caméscopes DV sont accueillis bien plus aisément par votre ordinateur que les sources analogiques. Les APN convertissent automatiquement les clichés dans un format numérique prêt à être transféré. Les caméscopes DV convertissent la vidéo et le son en un seul fichier.

Il ne reste donc plus qu'à gérer le problème du transfert des fichiers vers l'ordinateur.

Puisqu'il n'y a qu'un fichier à transférer, un seul câble est à brancher.

Les caméscopes numériques permettent d'envisager le montage beaucoup plus simplement que les analogiques. Il n'y a plus de bande magnétique. Si vous songez sérieusement à faire du montage vidéo sur ordinateur, optez pour un caméscope MiniDV.

Câble de liaison APN : Tous les APN sont livrés avec un câble permettant de se relier en général au port USB. Vous n'avez rien besoin de plus, sauf si vous perdez le câble. Ils sont tous standards du côté de la prise de l'ordinateur, mais l'autre côté comporte de nombreuses variantes. Si vous ne trouvez pas votre câble, il vous faudra aller en chercher un chez un revendeur ou chez le fabricant.

Câble FireWire : Voici quelques années, Apple est revenu sur le devant de la scène, en se plongeant dans le monde de la vidéo et en équipant ses ordinateurs d'un port FireWire qui transformait un Macintosh en machine de montage vidéo. Sur PC, le nom est IEEE1394, mais c'est strictement la même chose. De plus en plus de PC sont dotés en standard d'un port FireWire. Si ce n'est pas votre cas, il faudra acheter une carte IEEE1394 et l'installer (voyez le Chapitre 6 pour l'installer).

Bien que l'on parle de signal vidéo, ce qui provient de votre caméscope DV réunit la vidéo et le son. Les logiciels de montage vidéo savent distinguer l'image et le son.

Série, parallèle ou PC Card : Les premiers appareils photo numériques offraient une sortie vers l'ordinateur au moyen d'une connexion assez lente : série ou parallèle. C'est loin d'être aussi rapide que le port USB. Pour les portables, la connexion choisie était souvent la norme PC Card.

Le montage vidéo avec deux disques durs

La vidéo numérique brute, sans compression, a un débit d'environ 3,6 Mo par seconde. Une minute de vidéo DV est égale à presque 200 Mo de données à stocker, soit environ 13 Go par heure. Si vous comptez faire du montage vidéo, il faut de l'espace pour les parties du film en cours de montage.

Pour capturer une heure de vidéo, faire un montage sur la moitié de la durée et produire un film terminé d'une demi-heure, il faut compter sur environ 20 Go d'espace libre sur disque.

Par ailleurs, le logiciel de montage doit pouvoir écrire les fichiers dans un flux continu. C'est pourquoi il est préférable de travailler avec deux disques durs. Le premier servira au film avant montage (les "rushes"), l'autre contiendra la version montée au fur et à mesure de l'avancement.

Autrement dit, dès que vous songez sérieusement à faire du montage vidéo, réfléchissez à l'acquisition d'un second disque dur. Comme vous venez de le voir, ce n'est pas qu'une question d'espace.

En effet, vous devez vérifier que vos disques durs sont performants. Recherchez au moins une vitesse de 7 200 tours/minute. Si vous avez un disque aux capacités limitées, scindez votre montage en plusieurs parties. Enregistrez une partie sur bande, effacez les fichiers du disque dur, capturez et montez une seconde partie, et recommencez la procédure.

- Le montage vidéo suppose de traiter d'énormes quantités de données. Il faut donc un ordinateur performant et un disque dur rapide. C'est à peu près passable avec un Pentium III, mais il faut sans hésiter un Pentium 4. (Ce n'est plus une mise à jour, mais un investissement. Il n'est pas possible de transformer un Pentium III en Pentium 4.)

  Choisissez de préférence le format NTFS qui n'a pas de limite de taille de fichiers. La taille maximale d'un fichier dans le format FAT32 est de 4 Go. Pour FAT16, c'est encore pire. La taille maximale est de 2 Go.

  Avant de rapatrier vos données vidéo sur l'ordinateur, lancez une défragmentation complète du ou des disques durs. Vous récupérerez un espace non négligeable, qui sera vite dévoré par la vidéo que vous allez transférer.

Choix et utilisation d'un logiciel de montage vidéo

A partir de Windows Me, le système a été fourni avec un système de montage vidéo basique, en tout cas suffisant pour du montage de films de vacances. Cet outil, appelé Movie Maker, fonctionne à partir des méthodes de compression de données de Microsoft pour diminuer l'espace occupé par les fichiers vidéo. L'inconvénient est que vos films sont ensuite stockés dans un format propriétaire, le format WMV. Sa qualité n'est pas toujours à la hauteur de celle des formats concurrents. De plus, pour pouvoir voir ces films, il vous faut une version récente de Windows.

Vous recevez en général un logiciel de montage vidéo un peu plus sophistiqué lorsque vous achetez une carte de capture IEEE 1394 ou USB 2.0. Tout comme l'outil Movie Maker de Windows, vous ne disposez pas d'un grand nombre de fonctions.

Il existe pourtant des logiciels de montage coûtant moins de 100 euros et permettant d'aller un peu plus loin dans le montage. Vous pourrez ainsi ajouter des transitions entre vos plans, faire du titrage avec des polices élaborées, éditer la bande son, en importer et réaliser d’autres fonctions habituelles dans le monde du montage. Faites un sondage autour de vous ; nombreux seront ceux qui utilisent le produit DVD

MovieFactory de Ulead. Il sait capturer, monter, sauvegarder et graver vos films sur un DVD (à supposer que vous ayez un graveur de DVD).

Avant de vous décider à acquérir un logiciel de montage sophistiqué et donc onéreux, essayez de faire vos premiers pas avec Windows Movie Maker. Sa version 2 connaît des améliorations importantes qui le rapprochent de son homologue Macintosh iMovie.

Stockage des films montés sur CD ou DVD

Le dernier problème à gérer est le stockage des films. L'espace sur disque dur est trop coûteux pour y laisser de nombreuses vidéos montées. Certains caméscopes DV disposent d'une entrée/sortie numérique, ce qui permet d'enregistrer les films montés sur une bande MiniDV.

Vous pouvez aussi stocker des films courts sur CD, voire les compresser au format DivX. La solution royale consiste à les stocker sur un DVD. Nous abordons en détail les DVD et les CD au Chapitre 11.

Mise à jour d'un ordinateur pour un APN

Rappelons-le encore une fois, APN signifie Appareil Photo Numérique. Il est probable que votre ordinateur, s'il n'est pas trop vieux, fonctionne correctement avec un APN. Les contraintes n'étant pas très fortes, votre ordinateur s'en sort sans doute très bien pour récupérer les photos de votre appareil. Vous pouvez cependant vous simplifier la vie en considérant l'acquisition des objets que nous présentons dans cette section.

Le premier achat que l'on conseille est une carte mémoire de plus grande capacité pour l'APN. Les APN sont presque tous livrés avec une carte de capacité ridicule. Plus la carte est spacieuse, plus vous pourrez y stocker de photos dans la meilleure résolution (donc de bonne qualité). Cela augmentera votre rayon d'action par rapport à l'ordinateur.

Achat d'un lecteur de carte

Les APN sont tous livrés avec un câble pour se connecter à l'ordinateur et transférer les images. Le port USB de la machine offre un débit suffisant. En revanche, les anciens APN se branchaient sur le port série. Le transfert était très long.

De nos jours, les câbles ont tendance à disparaître et il existe une solution plus simple consistant à s'équiper d'un lecteur de carte mémoire qui se branche sur le port USB (Figure 9.1). Les lecteurs en vente de nos jours, bon marché, sont prévus pour reconnaître tous les formats répandus, et il y en a.

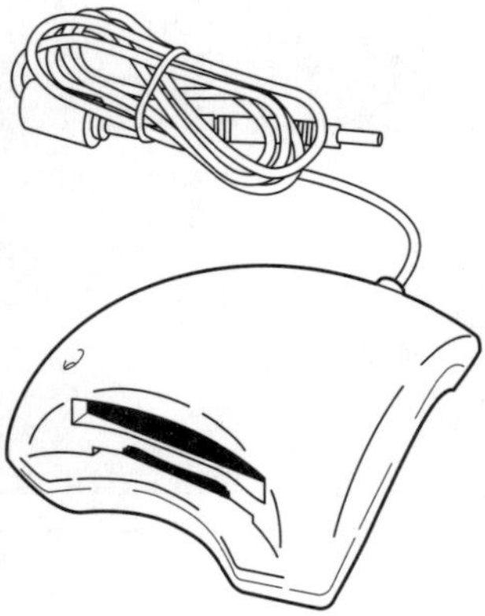

Figure 9.1 : Les lecteurs de cartes mémoire sont pratiques et permettent de transférer les photos de votre APN en toute simplicité.

Si ce n'est pas le cas de celui que vous voulez acheter, vérifiez qu'il est compatible avec le format des cartes mémoire de votre APN. Pour vous aider dans votre choix, tenez la carte mémoire de votre APN à côté de la Figure 9.2, elle montre les quatre formats de cartes mémoire les plus répandus : SmartMedia Card (en haut à gauche), Compact Flash Card (en haut à droite), Sony Memory Stick (en bas à gauche) et SD (Secure Digital, en bas à droite).

La photo numérique et Windows XP

Dans la mesure où le format standard des photos numériques est le JPEG (extension de nom de fichier **.jpg**), même les plus anciennes versions de Windows encore en service le reconnaissent. Mais Windows XP est encore plus agréable, puisqu'il sait détecter directement les APN les plus vendus dans le monde. La détection se fait dès que vous branchez l'APN dans le port USB. Windows XP sait également reconnaître les formats de cartes mémoire répandus. Dès que vous insérez la carte dans le lecteur, Windows XP vous propose d'afficher les images, de faire un petit diaporama, de les imprimer ou de les stocker dans des dossiers.

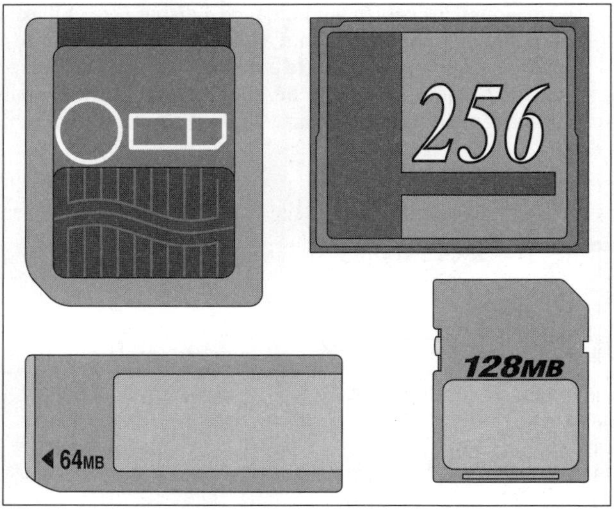

Figure 9.2 : Les formats de cartes mémoire.

Si vous stockez vos photos numériques dans le dossier standard appelé **Mes images**, Windows XP affichera automatiquement celles-ci au format **Pellicule** ou **Miniatures** (Figure 9.3). Vous pourrez même lancer un diaporama pour visionner toutes les photos une à une.

Figure 9.3 : Windows XP vous offre un très grand confort pour visionner vos photos numériques.

Installation d'une webcam

Bravo ! Vous avez trouvé la section bonus de ce chapitre. Nous montrons ici comment mettre en place une caméra webcam pour un site Web. Il vous faut doter votre ordinateur d'équipements supplémentaires.

Le principe d'une webcam consiste à prendre une photo à intervalles réguliers et à la transférer automatiquement sur le site Web. Vous devez donc disposer d'un site Web pour exploiter une webcam. Voici les ingrédients nécessaires :

Caméra vidéo : Vous pouvez utiliser comme webcam n'importe quel caméscope, analogique ou numérique. Pour ma webcam (`www.andyrathbone.com`), je me sers d'un vieux caméscope analogique sur trépied. Faites en sorte que votre webcam regarde quelque chose d'intéressant.

Un mécanisme de capture numérique : Vous devez convertir le flux vidéo du caméscope pour qu'il puisse entrer dans l'ordinateur. La plupart des cartes de capture savent se charger de cette opération et permettent de capturer des clichés. J'utilise personnellement un équipement de capture vidéo branché sur le port USB. C'est inutile si vous utilisez une webcam numérique.

Un logiciel de webcam : Il s'agit d'un programme spécialement conçu pour contrôler la webcam. Il se charge de capturer une image à intervalles réglables, puis de se connecter automatiquement à Internet à intervalles réguliers pour transférer l'image sur le disque du serveur du site Web. En général, le logiciel donne à l'image le nom webcam.jpg ou quelque chose dans le genre, en effaçant l'ancien fichier. J'utilise un outil gratuit appelé Pryme (vous pouvez le télécharger sur le site `www.hilo.dk/pryme`).

Hôte/utilisateur/mot de passe : Pour télécharger un fichier dans votre espace Web, vous devez connaître le nom de la machine hôte, votre nom d'utilisateur et votre mot de passe. Le logiciel de webcam va vous demander ces paramètres puis les mémoriser pour s'en servir dans la suite. (Si le logiciel demande un numéro de port, indiquez 21.) Si vous ne connaissez pas ces paramètres, demandez à votre fournisseur d'accès à Internet qui gère vos pages personnelles.

Une page HTML : Vous devez créer une page Web qui va contenir l'image webcam.jpg. L'affichage d'une photo de webcam est strictement identique à l'affichage d'une photo normale. Dès que quelqu'un se rend dans votre page, il voit la photo webcam.jpg la plus récente.

Ce que nous venons de décrire est la procédure fastidieuse. Il existe une solution plus simple : acheter une webcam avec tous les équipements nécessaires. Vous obtenez une caméra USB, le logiciel et les instructions pour tout mettre en place. Cela dit, il vous faudra malgré tout le nom hôte, le nom d'utilisateur et le mot de passe ainsi qu'une page Web pour contenir la photo.

Il existe de nombreux programmes de classement d'images qui vous aideront à bien classer vos albums photos numériques.

Stockage des dossiers sur CD ou DVD

Pour étendre votre capacité de stockage, préparez une pile de CD vierges et gravez vos photos dessus. Mieux, achetez un graveur de DVD.

Vos photos traditionnelles jaunissent mais subsistent jusqu'aux générations futures. En revanche, il suffit d'un plantage de votre disque dur pour que vous perdiez toute l'iconographie récente de votre famille. Prenez l'habitude de sauvegarder régulièrement sur CD.

Chapitre 10

Des scanneurs et des poussières

Dans ce chapitre :

- Le jargon des numériseurs de documents.
- Le standard TWAIN.
- Installation d'un scanneur.
- Analyse d'un document directement depuis Windows XP.
- Les problèmes de taille de documents.

Tant que vous n'avez pas utilisé un scanneur, vous ne savez pas ce qu'est une poussière. Vous comprendrez vite lorsque vous commencerez à numériser des documents. Un *scanneur* (le terme anglais a été francisé) ressemble à un photocopieur. Au lieu d'imprimer des copies de ce que vous placez sur la vitre, le scanneur numérise ce qu'il voit et le transfère dans l'ordinateur sous forme d'un fichier image. Au cours de ce processus, le scanneur accentue tous les détails.

Le jargon des scanneurs

Voici un petit guide terminologique sur les scanneurs :

dpi (dots per inch, points par pouce) : Plus la valeur de ce paramètre est grande, plus le nombre d'informations que le scanneur récupère pour la même surface est important. Le résultat est une image de plus grande taille sur l'écran, un fichier plus volumineux et une meilleure résolution lors de l'impression.

TRUC

La numérisation traditionnelle va de 75 à 300 dpi.

OCR (Optical Character Recognition) : C'est un logiciel qui analyse l'image numérisée en essayant d'y reconnaître les lettres de l'alphabet et les chiffres. Vous pouvez numériser un courrier ou tout un livre et récupérer le texte dans un fichier puis le corriger dans votre programme de traitement de texte.

Optique/interpolé : La plupart des scanneurs offrent deux résolutions : une résolution optique et une résolution dite *interpolée*. Ce second mode est une augmentation factice de la qualité par rapport au mode optique. Pour partir de ce que voit réellement le scanneur, cantonnez-vous au mode optique.

TWAIN : Initiative d'un groupe d'utilisateurs et d'ingénieurs sans but lucratif qui a décidé de libérer les scanneurs et certains appareils numériques de leur dépendance vis-à-vis des logiciels spécifiques des fabricants. Ce groupe a défini un ensemble de standards. Les fabricants ont pris l'habitude de rendre leurs scanneurs compatibles avec ces standards. C'est grâce à TWAIN que la plupart des programmes, y compris le système Windows XP lui-même, peuvent économiser l'utilisation du logiciel fourni avec le scanneur pour accéder directement à celui-ci.

TWAIN correspond à des pilotes spécifiques à chaque périphérique. Vous devez installer la version de TWAIN fournie avec votre équipement. Autrement dit, le pilote TWAIN de votre scanneur ne pourra pas fonctionner avec celui de votre APN.

WIA (Windows Imaging Architecture) : Le protocole WIA, apparu dans Windows Me et conservé dans Windows XP, se base sur TWAIN pour permettre aux utilisateurs d'accéder à leur périphérique TWAIN directement depuis Windows. C'est grâce à WIA que vous pouvez accéder directement à un APN et à un scanneur depuis l'icône Poste de travail, en utilisant toujours les mêmes commandes. Malgré cela, utilisez toujours le pilote de numérisation livré avec votre scanneur.

Acquisition/Importation : Les principaux logiciels de retouche d'image (Adobe Photoshop, Paint Shop Pro de Jasc, etc.) contrôlent directement le scanneur. Il suffit de cliquer sur **Fichier/Importer** ou **Acquérir** (Figure 10.1).

Couleurs 24 bits et 48 bits : Vous savez que les ordinateurs utilisent des bits (1 ou 0) pour représenter les informations. Une image codée en 24 bits par point peut représenter une couleur parmi 16 millions. Ce standard est souvent appelé True Color, Couleurs vraies ou Qualité photo. Plus le scanneur peut distinguer de couleurs, plus il captera les nuances subtiles d'une image. Dans le mode couleur 48 bits, le

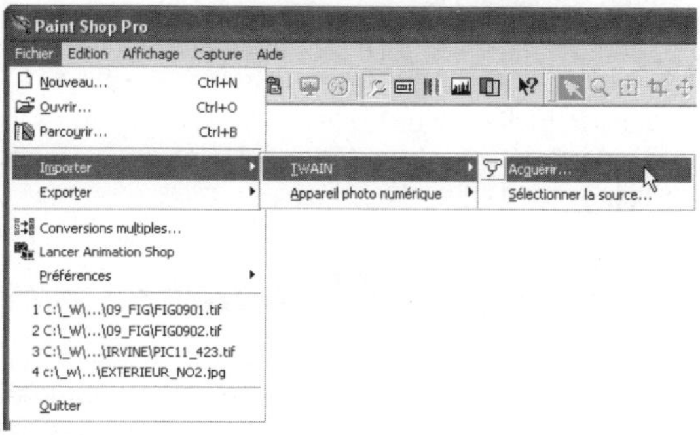

Figure 10.1 : La commande d'importation des logiciels de retouche d'image permet de numériser directement une image sur le scanneur.

scanneur peut en théorie distinguer parmi 281 474 976 710 656 nuances, ce qui devrait suffire pour la plupart des souvenirs de vacances.

USB : Les scanneurs les plus récents fonctionnent en USB 2.0.

Installation d'un scanneur

Pour installer un scanneur :

1. **Déballez le scanneur et ôtez les éventuelles cales de transport.**
2. **Si cela vous est demandé, installez d'abord les logiciels.**

   Lisez le manuel. Certains scanneurs, surtout ceux de type USB, préfèrent que le logiciel soit installé avant que le scanneur ne soit branché à la machine.

3. **Vérifiez que vous avez supprimé tous les adhésifs de transport.**
4. **Déverrouillez le scanneur.**

   ATTENTION !

   Presque tous les scanneurs sont dotés d'un verrou qui empêche le chariot porte-capteur d'être endommagé pendant le transport. Déverrouillez-le avant de l'utiliser. Il suffit de pousser un bouton situé à proximité de l'icône d'un cadenas.

5. **Installez le couvercle et branchez son câble si nécessaire.**
6. **Branchez le scanneur au secteur et branchez son connecteur au PC.**

7. **Allumez le scanneur.**

   Au bout de quelques secondes, Windows devrait détecter l'arrivée d'un nouveau périphérique. S'il ne détecte pas votre scanneur, fouillez dans le logiciel fourni pour voir s'il ne pourrait pas aider à détecter le matériel. Si la détection est impossible, lisez la section suivante.

Lorsque le scanneur ne fonctionne pas

En cette période de transition entre les deux versions USB (1.0/1.1 et 2.0), un problème fréquent est la tentative d'un scanneur à la norme USB 2.0 d'envoyer des données vers un port USB 1.0 ou 1.1. Le scanneur transmet les informations bien trop vite.

Vous devez donc vérifier quelle est la version des ports USB de votre machine. Accédez au module Système du Panneau de configuration. (Si XP a classé les modules par catégories, choisissez **Performances et maintenance**.) Sous XP, choisissez l'onglet **Matériel** puis **Gestionnaire de périphériques** (les versions de Windows antérieures accèdent directement au gestionnaire). Ouvrez les détails de la catégorie **Contrôleurs de bus USB**. Vous devriez pouvoir déterminer s'il s'agit de USB ou de USB 2.0. Il vous faut une carte USB 2.0 pour pouvoir exploiter correctement un périphérique USB 2.0.

Si vous êtes doté de USB 2.0 et continuez à avoir des problèmes, essayez les remèdes suivants :

N'OUBLIEZ PAS

- De nombreux scanneurs se mettent en veille lorsqu'ils ne sont pas utilisés pendant un certain temps. Essayez d'appuyer à nouveau sur le bouton de mise en marche pour le réveiller.
- Si vous utilisez un concentrateur USB (*hub*), essayez de brancher le scanneur directement dans un port USB 2.0 du PC. Certains modèles n'apprécient pas les concentrateurs.

TRUC

Vous pouvez tester votre scanneur sous Windows XP. Dans le Panneau de configuration, ouvrez le module **Scanneurs et appareils photo**. Cliquez-droit dans la ligne du scanneur et choisissez **Propriétés**. Cliquez alors sur le bouton **Tester le scanneur** dans la zone *Diagnostics*. Windows XP ne va pas lancer une numérisation, mais seulement tester la connexion. Si tout va bien, vous verrez une boîte comme celle de la Figure 10.2.

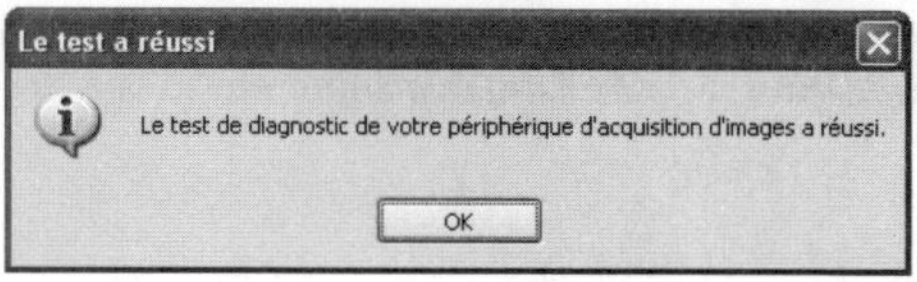

Figure 10.2 : Message de Windows XP indiquant que la connexion au scanneur fonctionne bien.

- Si les analyses à basse résolution fonctionnent bien, mais que celles en haute résolution provoquent un blocage du PC ou l'apparition de messages d'erreur, c'est sans doute qu'il vous faut plus de mémoire ou de place sur le disque. L'ordinateur a en effet besoin de stocker les données pendant l'analyse et une image en haute résolution contient énormément de données.
- Refermez tous les autres programmes et essayez de lancer l'analyse isolément.
- Parfois, il suffit de réinstaller les logiciels du scanneur. Vous pouvez utiliser le module **Ajouter et supprimer des programmes** du Panneau de configuration puis redémarrer la machine et réinstaller les logiciels.
- Parfois, vous ne parvenez pas à savoir si c'est le scanneur qui est en cause ou si ce sont les logiciels qui essayent de l'exploiter. Une bonne méthode pour en avoir le cœur net consiste à essayer de lancer une analyse directement depuis Windows XP, sans passer par les logiciels du fabricant. C'est ce que nous voyons dans la section suivante.

Accès direct au scanneur depuis Windows XP

Les scanneurs (tout comme les APN vus au Chapitre 9) posent souvent des problèmes parce que chaque modèle utilise des logiciels de contrôle différents. Windows tente de résoudre ce problème avec le protocole WIA (*Windows Imaging Architecture*). Ce protocole permet d'accéder à n'importe quel périphérique compatible WIA au moyen des mêmes menus et des mêmes commandes Windows.

Toutefois, les fonctionnalités d'un scanneur ne trouvent réellement leur salut que dans l'utilisation de leur pilote. De fait, nous déconseillons le protocole WIA. Installez toujours le pilote livré sur le CD-ROM fourni avec votre appareil, ou mis à jour sur le site de son constructeur.

La taille des images

Vous avez peut-être choisi un scanneur 2 400 dpi parce que cela vous semblait bien mieux qu'un scanneur 1 200 ou 300 dpi ? Dans ce cas, vous numérisez à 2 400 dpi, c'est-à-dire 2 400 points par pouce. Sachez que votre écran ne peut pas afficher plus de 2 000 points sur toute la largeur de l'écran.

Si vous numérisez une photo en 2 400 dpi, l'image résultante sera extrêmement grossie. En taille réelle, vous ne pourrez pas voir l'image en entier. Au lieu de laisser toutes vos numérisations se faire à la résolution maximale, optimisez vos travaux en vous aidant du Tableau 10.1.

Tableau 10.1 : Conseils de paramétrage dpi.

Document...	Destination...	Choix dpi...	Format...
Photo 10 x 13 cm	E-mail	75	JPEG
Photo 10 x 13 cm	Web	75	JPEG
N'importe quoi	Impression	Identique à l'imprimante	TIFF
Courrier	Télécopie	200	TIFF
Courrier	OCR	300	TIFF
Tout	Archivage	2 400	TIFF

Ne prenez pas le tableau précédent au pied de la lettre, il donne des conseils généraux. Faites plusieurs numérisations à des résolutions variées pour voir ce qui convient le mieux.

N'OUBLIEZ PAS

Vous pouvez toujours réduire les dimensions d'une image et même la rééchantillonner à une résolution inférieure au moyen d'un logiciel approprié. En revanche, vous ne pouvez pas agrandir une image sans augmenter l'effet de flou.

Si vous numérisez des documents photo pour archivage, utilisez la meilleure résolution possible et stockez vos documents sur CD ou DVD. Vous pourrez toujours créer des versions en résolution inférieure, ou transmettre vos CD à un prestataire de services pour qu'il réalise des impressions de haute qualité.

Problèmes de qualité

.Voici quelques conseils pour tirer le maximum de votre scanneur :

- En cas de doute, commencez par visiter le site du fabricant du scanneur afin de récupérer les logiciels et les pilotes les plus récents. La plupart des fabricants proposent des mises à jour régulières afin de réparer les problèmes et imperfections détectés par certains utilisateurs.
- Pensez à nettoyer régulièrement la vitre de votre scanneur avec un chiffon non pelucheux et un produit à vitre.
- Optimisez les réglages de votre écran pour qu'il puisse afficher au moins autant de couleurs que le scanneur en détecte. Dans le Panneau de configuration de Windows, accédez à la catégorie **Affichage** puis à la dernière page, **Paramètres**. Dans la liste **Qualité couleur**, choisissez la meilleure possibilité (Optimale, 32 bits). (Sous Windows XP, le module **Affichage** est caché dans la catégorie **Apparence et Thèmes**.)
- Si votre scanneur utilise la première norme USB, éteignez tous les autres périphériques USB avant de faire vos analyses. Vous accélérerez ainsi les transferts entre le scanneur et le PC.
- Vous trouverez bien des informations au sujet de scanneurs sur Internet. Nous montrons comment effectuer des recherches efficaces sur Internet au Chapitre 22. Si vous avez besoin de numériser souvent des documents, nous vous conseillons d'acquérir un livre dédié à ce sujet.

Chapitre 11

Lecteurs et graveurs de CD et de DVD

Dans ce chapitre :

- Le jargon des CD et des DVD.
- Installation d'un lecteur ou d'un graveur de CD ou de DVD.
- Réparation des problèmes principaux des CD et DVD.
- Gravure du CD ou DVD.

Voilà bientôt une dizaine d'années que les CD ont renvoyé les disquettes aux oubliettes. De nos jours, les programmes sont livrés sur un seul CD, et l'installation démarre dès son insertion dans le lecteur de CD-ROM.

Mais nous ne sommes qu'au début de l'aventure. Les DVD se font de plus en plus présents et les graveurs ont atteint des prix raisonnables.

Le jargon des CD et des DVD

C'est un véritable foisonnement de technologies auquel on a assisté dans le domaine des CD et des DVD.

Le jargon des CD

Lecteur de CD : Ce périphérique équipait les premières machines multimédias au début des années 1990. Un tel lecteur ne sait faire qu'une chose : lire des CD audio, multimédias et de données.

Lecteur de CD-RW (Compact Disc Read/Write) : Les unités de CD vendues de nos jours sont presque toujours des graveurs. Le principal, sinon l'unique, critère de sélection est la vitesse de lecture et d'écriture. La face avant des graveurs de CD-RW comporte normalement un témoin rouge qui s'allume pendant les opérations de gravure.

Comme le montre la Figure 11.1, la version XP de Windows est capable de graver directement des données sur un CD vierge.

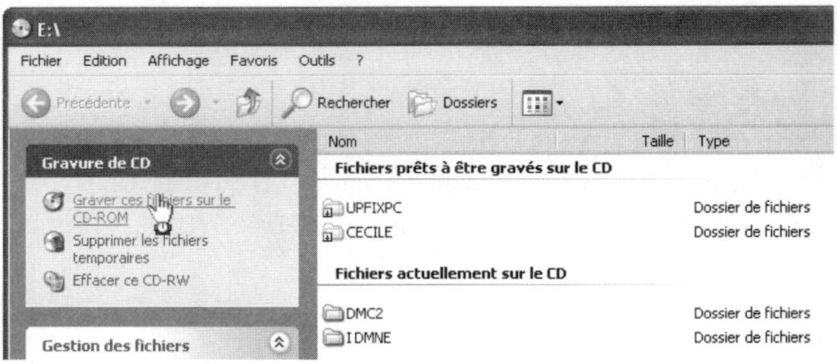

Figure 11.1 : La version XP de Windows sait graver des fichiers directement sur CD, que ce soit des données ou de l'audio et de la vidéo.

Disque CD-R (CD-Recordable) : Il s'agit des disques CD vierges que vous ne pouvez graver qu'une fois, même dans un graveur CD-RW.

Disque CD-RW (CD ReWritable) : Plus chers à l'achat que les CD-R, les CD-RW peuvent être gravés plusieurs fois de suite.

CD-RW/DVD : Il s'agit du périphérique hybride ("combo") qui permet de graver des CD ainsi que de lire des DVD. Reportez-vous aux termes **DVD** et **CD-RW.**

Kodak Photo CD : Que ce soit en photographie traditionnelle ou numérique, vous pouvez demander au laboratoire de développement de vous livrer les photos sur un CD à partir duquel vous pourrez les visionner et les imprimer. En général, ces CD utilisent le format Photo CD inventé par Kodak. La plupart des lecteurs savent lire ce format sans problème. (Certains lecteurs de DVD ont en revanche du mal.)

Les termes relatifs aux DVD

Lecteur de DVD : Le terme DVD signifie *Digital Versatile Disc* (disque numérique polyvalent) ou bien *Digital Video Disc*. Un tel lecteur permet aussi bien de lire les DVD vidéo que vous louez dans la boutique du coin que les CD de musique ou de données.

DVD-R, DVD-RW : Ce premier format a été inventé par Pioneer et Sony. Les DVD gravés dans ces formats restent compatibles avec la plupart des lecteurs de DVD.

DVD+R, DVD+RW : Cette autre technologie est supportée par Microsoft et de nombreux fabricants. Plus récente, elle offre une plus grande richesse fonctionnelle, une bonne polyvalence et maintient la compatibilité avec les lecteurs existants.

DVD-RAM : Format spécial créé par Matsushita pour le stockage des données. Ces DVD se présentent dans des boîtiers. Comme tous les lecteurs de DVD, les lecteurs DVD-RAM savent lire les vidéos et les CD.

DVD-R (G) Général : Catégorie de graveurs de DVD destinés à l'usage domestique ; le laser, moins coûteux, permettant de les rendre plus abordables.

DVD-R (A) Authoring : Catégorie de graveurs de DVD destinés à l'usage professionnel et basés sur des diodes laser de plus haute qualité.

Disques vierges DVD-R, DVD+R, DVD-RW, DVD+RW, DVD-RAM, DVD-R (A) : Vérifiez que vous achetez le format de disque vierge approprié à votre graveur.

TRUC

Concrètement, j'achète quoi ?

Si vous cherchez un nouveau lecteur de DVD, achetez un combo qui réunit un graveur de CD-RW et un lecteur de DVD. Au niveau des CD, achetez des CD certifiés à la vitesse de votre graveur. Un graveur rapide a du mal avec un CD de bas de gamme, et certains lecteurs lents ont du mal avec les CD certifiés à une vitesse supérieure.

Si vous cherchez un graveur de DVD, optez pour un modèle qui supporte le plus grand nombre de standards. Si vous avez besoin d'un lecteur de DVD, choisissez un modèle qui supporte le standard DVD+RW/+R. C'est le format reconnu par les grands fabricants et celui qui risque de gagner cette bataille. Microsoft a prévu de supporter le format DVD+RW sous Windows. (Bien sûr, tous ces lecteurs savent lire et graver les CD.)

Si vous pouvez attendre un peu, dépêchez-vous de patienter. Les prix des graveurs de DVD vont fortement baisser, l'offre va s'étoffer, et ce ne sera que mieux.

VCAP (Video-Capable Audio Players) : Après bien des hésitations, l'industrie du disque a enfin décidé de proposer des CD audio de très haute qualité sur DVD. Hélas ! vous pourrez rarement les lire sur un lecteur de DVD conçu a priori pour la vidéo. De nouveaux modèles portant la mention *VCAP* permettent de lire les DVD vidéo et les DVD audio.

Critères techniques

40x12x48x8 : Le principal critère de sélection d'un lecteur ou d'un graveur est sa vitesse de fonctionnement. Du fait que les fonctions se sont accumulées, les vitesses sont présentées sous forme d'une ribambelle de chiffres séparés par des multiplicateurs. Chaque chiffre correspond à une vitesse de travail. La première valeur est la vitesse de gravure sur un CD vierge. La deuxième est la vitesse de gravure sur un CD-RW. La troisième est la vitesse de lecture d'un CD. La dernière, si elle existe, correspond à la vitesse de lecture d'un DVD.

Cache (taille du tampon) : Pour permettre une gravure plus rapide, les lecteurs sont dotés d'une certaine quantité de mémoire servant de tampon entre ce qu'envoie l'ordinateur et ce qu'ils envoient à la diode laser. Les lecteurs disposent aussi d'une mémoire *cache* pour optimiser les lectures. Plus le cache est spacieux, plus les lectures et les gravures sont efficaces.

700MB/80 minutes : Les CD vierges les plus vendus de nos jours acceptent jusqu'à 700 Mo de données, soit 80 minutes d'audio numérique.

Interne/externe : Un lecteur interne s'installe dans le boîtier de l'unité centrale ; un lecteur externe se branche sur un port USB ou FireWire.

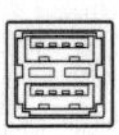

USB : Les ports USB 1.0 ou 1.1 des anciens ordinateurs empêchaient un lecteur externe de travailler à plus de 4x. Dorénavant, la norme USB est la 2.0. Si vous avez un lecteur USB 2.0 mais un port USB ancien, installez une carte USB 2.0 (voir aussi le Chapitre 6).

FireWire : Ces ports très performants permettent d'installer des lecteurs et offrent les mêmes vitesses que USB 2.0 (et ils sont recommandés pour tous les travaux de montage vidéo).

Disque optique : Les CD et les DVD sont en réalité des disques optiques puisque le principe est d'envoyer un rayon laser sur une surface sensible. Mais il existe aussi des disques magnéto-optiques.

Installation d'un CD ou d'un DVD externe

Niveau de QI : 40.

Outils requis : Vos mains.

Coût : Entre 200 et 500 euros.

Points à surveiller : Aucun.

1. **Déballez le lecteur et réunissez tous les accessoires.**
2. **Branchez le périphérique au secteur et allumez-le.**

   Certains lecteurs peuvent être alimentés directement depuis le câble USB.

3. **Si nécessaire, installez les pilotes.**
4. **Branchez le câble entre le lecteur et l'ordinateur.**

   Au niveau du PC, cherchez le port adéquat : USB, FireWire ou parallèle. (Et pour certains anciens portables, le port PC Card.) Windows devrait détecter automatiquement le lecteur dès qu'il est connecté.

   Si le système vous demande d'installer les pilotes, insérez le CD livré avec le périphérique dans un autre lecteur (pas dans celui que vous essayez de faire reconnaître).

Installation d'une unité CD ou DVD interne

Niveau de QI : 100.

Outils requis : Vos mains, un tournevis et une pince à épiler.

Coût : Entre 50 et 200 euros.

Points à surveiller : Vous installez une unité de CD ou de DVD interne comme un disque dur.

1. **Eteignez l'ordinateur, débranchez-le et ouvrez le capot.**
2. **Si besoin, insérez la carte d'extension livrée avec l'unité dans un connecteur vidéo et vissez-la.**

   Certains lecteurs de DVD sont équipés d'une carte décodeur. Insérez-la dans un connecteur le plus près possible de celui de la carte vidéo, car vous devrez les relier plus tard. La plupart

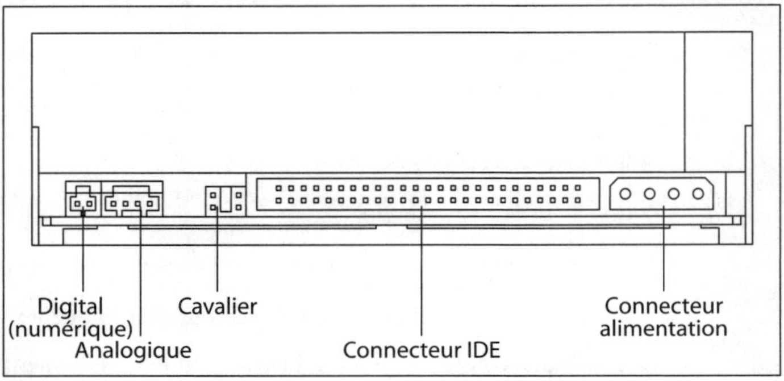

Figure 11.2 : Les connexions à l'arrière d'une unité de CD ou de DVD (de gauche à droite) : "digital", analogique, cavalier, câble IDE, alimentation.

des lecteurs de DVD n'ont pas de décodeur matériel et effectuent le décodage au moyen d'un logiciel. C'est plus simple, plus onéreux, mais un peu moins rapide.

3. **Positionnez les cavaliers en fonction de la position du périphérique sur la nappe IDE (Maître ou Esclave – Master ou Slave).**

   Cette sélection se fait par un petit cavalier à l'arrière (Figure 11.3). Servez-vous de la pince pour enlever et remettre les cavaliers.

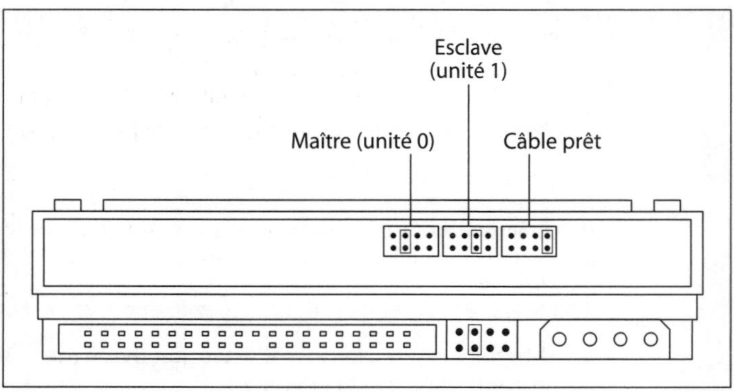

Figure 11.3 : Choix maître ou esclave de l'unité au moyen des cavaliers.

4. **Insérez l'unité dans le berceau disponible.**

5. **Connectez la nappe entre l'unité et la carte mère (ou la carte de l'unité).**

   La nappe possède normalement un connecteur d'un côté et deux de l'autre, ces deux derniers correspondant aux côtés des unités.

   Vous remarquerez un petit filet rouge sur un des bords du connecteur. Il correspond à la broche numéro 1. Si vous avez besoin de rebrancher le câble dans la carte mère, vérifiez que le marquage rouge correspond à la mention 1 sur la carte mère près du connecteur (si vous inversez le branchement, le lecteur ne marchera pas).

   Ne branchez jamais une unité de CD ou DVD sur le même câble en nappe qu'un disque dur. Les disques durs sont bien plus rapides que les CD/DVD et vous risqueriez de ralentir votre disque.

6. **Connectez le câble d'alimentation de l'unité.**

7. **Branchez les éventuels câbles audio.**

   Un ou deux petits câbles audio sont à brancher entre l'unité CD/DVD et un connecteur qui se situe soit sur la carte son (avec une légende CD/DVD), soit sur la carte mère si vous n'avez pas de carte son.

   Si l'unité possède un connecteur numérique à deux broches, branchez le câble adéquat entre ce connecteur et le connecteur marqué SPDIF de la carte son (Sony/Philips Digital InterFace).

   Si votre lecteur de DVD est doté d'une carte de décodage matérielle, vous devez relier les câbles audio à cette carte et non à la carte son. Lisez la documentation du lecteur et de la carte pour savoir comment procéder.

   Lisez bien la documentation à la recherche d'un petit câble de rebouclage (*loopback*). Ce genre de câble permet une liaison directe entre la carte vidéo et le port d'entrée vidéo de la carte du décodeur. Vous brancherez ensuite l'écran dans le port de sortie vidéo du décodeur (c'est plus simple qu'il n'y paraît).

8. **Fixez l'unité en place.**

9. **Replacez le capot, branchez l'ordinateur et allumez-le.**

   Dès que Windows démarre, il devrait détecter la nouvelle unité et l'installer.

10. **Exécutez l'installation appropriée au lecteur si nécessaire.**

Si Windows ne détecte pas votre unité, ou si elle a été livrée avec un logiciel spécifique, installez ce logiciel.

Problèmes des unités de CD et de DVD

Beaucoup de choses peuvent entraîner un dysfonctionnement d'un lecteur ou graveur de CD ou de DVD. Heureusement, les remèdes sont simples une fois que le problème a été localisé. Parfois, il s'agit simplement d'une inversion au niveau du cavalier maître/esclave. Parfois, c'est un câble qui n'a pas été branché dans le bon connecteur. Reprenez toute la procédure d'installation calmement et vérifiez que tout est bien branché.

Si vous avez des problèmes au niveau de la qualité du son émis par le lecteur de DVD, voyez le Chapitre 12.

Lorsque le graveur ne grave pas

Si vous avez des problèmes pour graver vos CD, vérifiez les points suivants :

- Les connexions et la qualité du CD vierge. Certains CD semblent être encore vierges alors qu'ils sont le fruit d'une gravure abandonnée. Quittez aussi les programmes qui peuvent accaparer le lecteur, et notamment les programmes de gravure.
- En général, Windows propose de graver les CD à la vitesse maximale. Il est possible que cela soit trop rapide pour votre graveur, ce qui peut expliquer les erreurs de gravure ou les problèmes de qualité des CD audio. Réduisez le paramètre de vitesse pour voir si cela résout le problème.
- Pendant la gravure, le flux d'informations vers le CD doit être ininterrompu. Si l'ordinateur est appelé à d'autres tâches pendant la gravure, il peut arriver qu'il ne parvienne plus à maintenir le débit du flux de données. Le graveur est équipé d'une mémoire tampon permettant d'éliminer certains à-coups, mais sa taille n'est pas infinie. Pour plus de précautions, ne faites rien d'autre sur votre PC pendant la gravure de vos CD.

  Visitez le site Web de l'éditeur de votre logiciel de gravure. Ce genre de logiciel comporte apparemment de nombreuses petites erreurs que les correctifs viennent résoudre.

  Il est connu que Windows XP rencontre quelques problèmes pour graver les CD. Microsoft a rendu public un correctif à cet effet. Utilisez le mécanisme Windows Update depuis Internet Explorer pour aller vérifier sur le site. Cherchez le correctif qui répare les problèmes de gravure de CD, téléchargez-le et installez-le.

Vérification du paramétrage d'un graveur

Windows permet de modifier des paramètres du graveur de CD. En les vérifiant et en les modifiant, vous permettrez à l'ordinateur de graver dans les meilleures conditions.

Pour accéder aux paramètres de votre graveur, ouvrez la fenêtre Poste de travail, repérez l'icône de votre graveur, cliquez-droit et choisissez **Propriétés**. Une fois que la fenêtre apparaît, cliquez sur l'onglet **Enregistrement** (Figure 11.4). Vérifiez ensuite les points suivants :

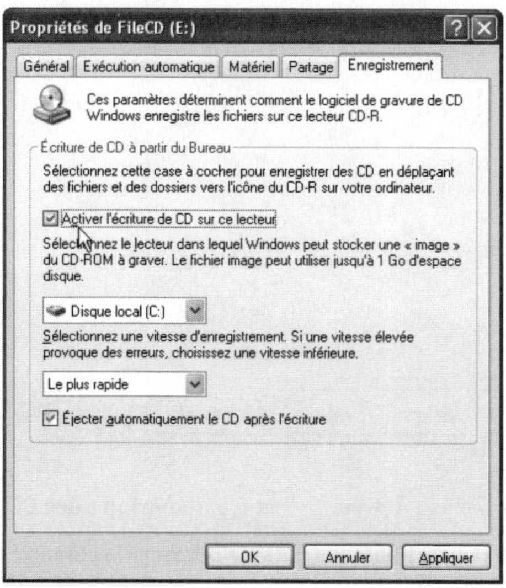

Figure 11.4 : L'onglet Enregistrement de la fenêtre de Propriétés du graveur de CD.

1. **Si nécessaire, cochez la case Activez l'écriture de CD sur ce lecteur.**

2. **Dans la première liste déroulante, Windows indique où il stocke les fichiers temporaires de gravure. Sélectionnez un disque offrant au moins 1 Go d'espace libre.**

Par défaut, Windows XP choisit le disque C, mais choisissez un disque plus spacieux.

3. **Réduisez la vitesse de gravure.**

   Diminuez la vitesse en fonction des CD et de la documentation de votre graveur.

4. **Accédez à la page Matériel, choisissez votre unité dans la liste et cliquez sur le bouton Propriétés.**

5. **Cliquez sur l'onglet Propriétés.**

   Inspirez-vous de la Figure 11.5.

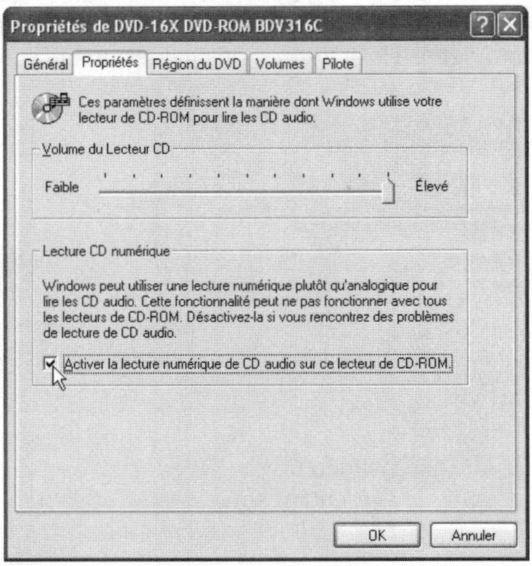

Figure 11.5 : La qualité des CD audio est idéale lorsque vous utilisez la liaison numérique.

6. **Cochez la case Activer la lecture numérique des CD audio.**

   Cliquez sur les boutons OK pour refermer les fenêtres.

TRUC

Si vous avez encore des problèmes, ouvrez l'onglet **Général** de cette fenêtre. Cliquez sur le bouton **Dépanner**. L'assistant de Windows XP vérifie la configuration de l'unité.

MP3, MPEG, kézaco ?

Pour réduire la taille des fichiers, Windows XP utilise des compresseurs appelés *codecs*. (Un *codec* est un logiciel COdeur/DECodeur de vidéo et d'audio numérique.)

Au niveau audio, Windows XP est livré avec un décodeur MP3 qui permet d'écouter vos fichiers audio MP3. En revanche, il ne sait pas encoder en MP3.

En vidéo, c'est encore pire. Les DVD vidéo contiennent des données compressées selon un format appelé MPEG-2 (*Moving Picture Experts Group*, deuxième standard). Windows XP n'est pas livré avec un codec gratuit, ni pour créer ni même pour lire des fichiers vidéo MPEG.

La seule solution est d'acheter un logiciel codec compatible Windows XP pour regarder des DVD vidéo sur votre PC. Vous devrez également acheter un codec pour créer des fichiers MP3.

WINDOWS XP

- La plupart des lecteurs de DVD sont livrés avec des logiciels gratuits. Ils permettent d'installer le compresseur/décompresseur pour afficher des vidéos sous Windows. Mais Windows XP est devenu tatillon : il n'accepte qu'un décodeur certifié compatible Windows XP. Il refusera de fonctionner avec un décodeur pour Windows Me ou Windows 98. C'est pour cette raison que certains utilisateurs qui ont procédé à la mise à jour vers Windows XP ne peuvent plus utiliser leur DVD. Il leur faut acheter un décodeur. On n'arrête pas le progrès.
- Les fanatiques de la vidéo préfèrent les décodeurs matériels pour leur DVD. Se présentant sous forme d'une carte d'extension, ce genre de décodeur se consacre uniquement au travail de décompression des données et d'envoi des images vers l'écran. Si vous faites beaucoup de montage vidéo (voyez le Chapitre 9), vous pouvez songer à acheter un tel décodeur.
- Nous avons dit que XP permettait de lire les fichiers MP3 grâce à son décodeur intégré. En revanche, vous devez acheter un codec MP3 pour pouvoir créer des fichiers MP3 avec Media Player. (Heureusement, XP accepte les codecs MP3 des anciennes versions de Windows.)
- Plusieurs éditeurs qui vendent des décodeurs pour DVD proposent des formules combinées avec un logiciel de création MP3 et une remise sensible sur le prix global.

Chapitre 12

Une question de volume

Dans ce chapitre :

- Installation d'une carte son.
- Réglage des paramètres du son sur un PC.
- Le son Surround pour un DVD.

De nos jours, les cartes son revêtent une importance considérable dans l'environnement multimédia et créatif d'un PC. Certains utilisateurs transforment leur PC en système de Home Cinéma Dolby Digital. Pour le montage vidéo, le traitement de la partie sonore est aussi importante que les images, et permet de transformer un documentaire de vacances un peu longuet en un véritable film d'action.

Les nouvelles boîtes à sons

Niveau de QI : 90.

Outils requis : Vos mains ; toute une gamme d'adaptateurs.

Coût : Une carte son de base coûte environ 30 euros et une carte plus évoluée peut dépasser les 2 000 euros.

Points à surveiller : Avant de débrancher les câbles de votre carte son, marquez tous les fils. Lorsque vous réinstallerez la nouvelle carte, le branchement sera un jeu d'enfant.

Les cartes son sont des cartes d'extension comme les autres. Elles doivent être installées à l'intérieur de l'ordinateur (aidez-vous éventuellement du Chapitre 6).

En revanche, les cartes son externes qui commencent à apparaître, et qu'il est préférable d'appeler *boîtes à sons*, se branchent sur un port à l'arrière ou à l'avant de l'ordinateur. Vous n'avez donc plus besoin d'ouvrir la machine et les connexions sont faciles à enlever. Vous ne risquez plus non plus de brancher par erreur vos haut-parleurs sur l'entrée microphone.

Les boîtes à sons sont donc prometteuses, mais quels ports de communications peuvent-elles utiliser ? Il n'y en a que deux : USB et FireWire.

La société Creative Labs a lancé récemment la boîte à sons nommé Sound Blaster Extigy (version externe de la Audigy). Elle utilise le port USB. La Extigy réunit trois produits en un : un décodeur Dolby Digital pour entendre la bande son des DVD en 5.1 ; une version réduite de la carte son interne Sound Blaster Audigy ; une télécommande infrarouge pour piloter le tout à distance.

Pour installer ce type de boîtier :

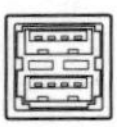

1. **Raccordez la boîte à sons au port USB de votre ordinateur.**

   A l'heure où vous lisez ces lignes, les boîtes à sons devraient être compatibles USB 2.0 ou FireWire.

2. **Installez le logiciel livré avec le périphérique.**

   Dans le cas de la Sound Blaster Extigy, l'installation complète octroie 200 Mo d'espace disque. Notez que la Extigy prend la peine de ne pas toucher à la configuration de la carte son existante.

   Pour activer la boîte à sons Extigy, ouvrez le module **Sons et périphériques audio** du Panneau de configuration, cliquez sur l'onglet **Audio** et ouvrez la première liste déroulante. Il suffira de choisir la ligne de votre boîte à sons (Figure 12.1).

3. **Connectez tous les gadgets à la boîte à sons.**

   Un petit problème se pose ici : la Sound Blaster Extigy n'est livrée qu'avec un seul câble, le câble USB, d'environ 2 mètres. Tous les autres câbles doivent être fournis par vous. Les jacks stéréo pour les haut-parleurs sont du type mini-jack ; le caisson de basses doit être branché avec un jack mono.

- Une boîte à sons est superbe en association avec un ordinateur portable. Ce n'est qu'avec un tel équipement que vous pouvez profiter vraiment de votre lecteur DVD Dolby Surround 5.1 depuis votre portable.

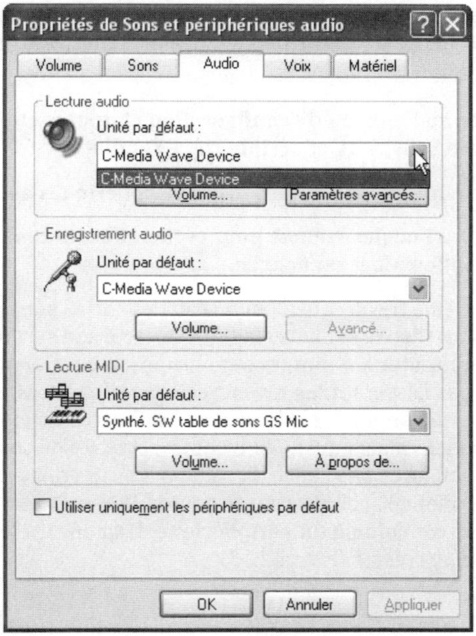

Figure 12.1 : La boîte Propriétés de Sons et périphériques audio permet de sélectionner le périphérique son par défaut.

- En déplaçant les circuits de conversion analogique/digital et de traitement audio en dehors du boîtier de l'unité centrale, vous évitez les interférences créées par les composants de l'ordinateur. Cela ne peut qu'avoir un effet bénéfique sur la qualité du son et sur le rapport signal/bruit (le souffle).

Dépannage d'une carte son

Une remarque préalable : ne procédez jamais à la fermeture de votre ordinateur avant d'être certain que la réparation donne le résultat attendu.

Les paramètres son sous Windows

Les paramètres relatifs à la partie son de votre PC sous Windows sont suffisamment nombreux pour que vous puissiez trouver la solution à votre problème. Vous pouvez tester le bon fonctionnement des pilotes de la carte et optimiser les réglages. Les pilotes sont couverts au Chapitre 16. Voyons les paramètres.

Tous les paramètres de votre carte son sont réunis dans une seule fenêtre composée de plusieurs pages. En neuf étapes, vous allez tout contrôler.

1. **Accédez au Panneau de configuration et double-cliquez sur la catégorie Sons, voix et périphériques audio.**

2. **Double-cliquez sur l'icône Sons et périphériques audio.**

3. **Accédez à l'onglet Volume pour rechercher les canaux sonores dont l'option Muet est activée.**

TRUC

Un problème très fréquent au niveau des cartes son, et qui est facilement résolu, est lié au fait que la carte son sert de carrefour pour toutes les sources sonores possibles. Comme vous ne voulez pas laisser toutes les sources ouvertes à tout moment, il est conseillé de "muter" (anglicisme malheureux mais en vigueur) les canaux qui ne doivent pas émettre de son. Mais parfois, on force au silence un canal qui ne devrait pas l'être. Pour vérifier cela, cliquez sur le bouton **Paramètres avancés** dans la zone **Volume du périphérique**. Examinez la fenêtre *Contrôle du volume* (Figure 12.2).

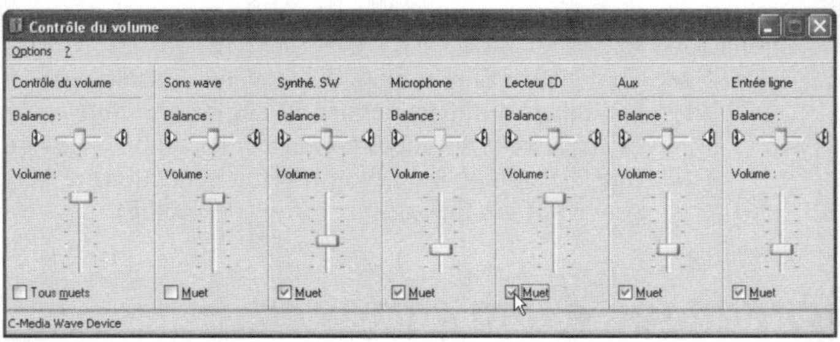

Figure 12.2 : Dans cette fenêtre, vérifiez que vous n'avez pas muté un canal dont vous avez besoin.

L'exemple de cette figure ne permettrait pas d'entendre le son émis par le synthétiseur (MIDI), le lecteur de CD, l'entrée auxiliaire, l'entrée ligne et le microphone. Seuls les sons WAVE (fichiers .wav et MP3) peuvent être entendus dans cette configuration. Pour pouvoir entendre le son de votre lecteur de CD, il faut cliquer dans la case **Muet** de la colonne **Lecteur CD**.

4. **Modifiez les réglages des canaux et rendez muets ceux dont vous n'avez pas besoin.**

Le nombre de canaux d'entrée proposés au réglage dans cette fenêtre est variable. Pour voir tous les canaux, vous devez ouvrir le menu **Options** et choisir **Propriétés**.

Vous verrez apparaître la fenêtre des propriétés qui montre tous les canaux d'entrée disponibles (Figure 12.3). Il faut que les périphériques dont vous avez besoin soient cochés, mais pas les autres.

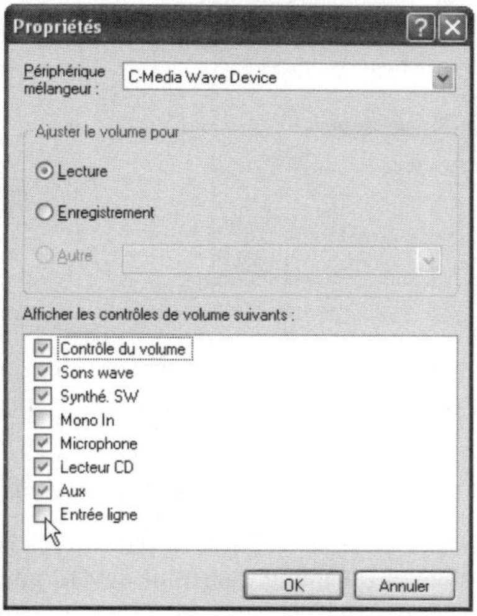

Figure 12.3 : Cochez les cases de tous les périphériques d'entrée dont vous voulez exploiter le son et décochez les autres.

Cliquez sur OK pour refermer cette fenêtre.

5. **Dans l'onglet Volume, choisissez votre configuration de haut-parleurs.**

   Dans la zone *Paramètres des haut-parleurs*, utilisez le bouton **Paramètres avancés** pour choisir la configuration correspondant à la réalité (Figure 12.4).

   Dans l'onglet *Performances*, vérifiez que les curseurs de réglage matériel sont placés à droite.

6. **Cliquez sur l'onglet Sons pour choisir éventuellement les sons associés aux événements Windows.**

7. **Cliquez sur l'onglet Audio qui permet de choisir entre plusieurs cartes son.**

Figure 12.4 : Les paramètres avancés des propriétés audio permettent d'aligner les paramètres de Windows avec la réalité.

Nous avons vu un peu plus haut comment installer une boîte à sons externe. C'est ici que l'on peut basculer entre plusieurs périphériques son.

8. **Cliquez sur l'onglet Voix pour effecteur un test de la carte son.**

   Même les cartes son les moins chères savent lire mais aussi enregistrer du son. En revanche, toutes ne savent pas faire les deux en même temps. Pour envisager d'utiliser Internet pour téléphoner, faire du montage son ou tout autre traitement sophistiqué, il faut une carte capable de lire et d'enregistrer en même temps (full-duplex).

   Vous pouvez tester la capacité de votre carte son à lire et à enregistrer en même temps au moyen du bouton **Test du matériel** qui lance un assistant de test.

9. **Cliquez sur l'onglet Matériel pour obtenir la liste de tous les périphériques de génération sonore reconnus par la machine.**

   S'il manque le périphérique qui vous pose problème dans la liste Matériel (Figure 12.5), vous avez trouvé votre problème : Windows n'a pas détecté votre périphérique. Vérifiez l'installation et toutes les connexions. Windows devrait au moins insérer une ligne pour un objet non identifié, pour lequel il reste à installer des pilotes. Essayez d'arrêter et de redémarrer Windows, pour lui donner une autre chance de détecter le matériel.

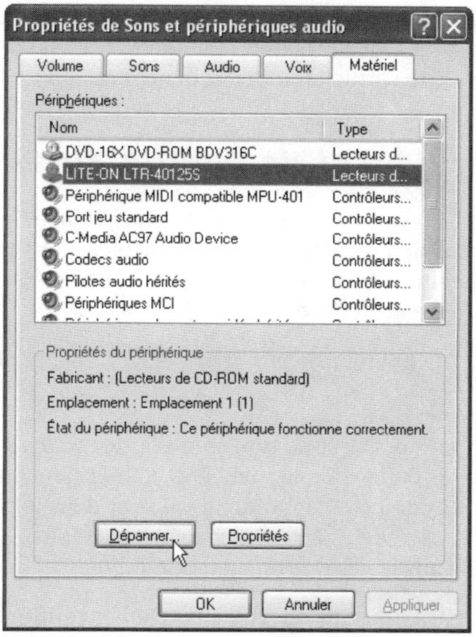

Figure 12.5 : L'onglet Matériel présente tous les générateurs de son détectés par Windows.

Si vous repérez une ligne qui correspond à un périphérique inconnu, double-cliquez dessus, puis cliquez sur le bouton **Dépanner**. Windows présente une série de menus pour trouver une solution.

Voici quelques conseils pour optimiser vos sons sous Windows :

- Vous pouvez faire exécuter le lecteur Windows Media en mode plein écran et visualiser des jeux de couleurs fluctuantes. Vous pouvez baisser le volume d'un coup en frappant la touche F8.
- Vous pouvez ajouter une petite icône pour régler le volume du son dans la barre des tâches, à côté de l'horloge. Dans le Panneau de configuration, accédez à la catégorie **Sons, voix et périphériques audio**. (Sur les anciennes versions de Windows, accédez au module **Sons et périphériques audio**.) Accédez à la page **Volume** de la fenêtre des propriétés de sons et périphériques audio. Cochez la case du milieu de la page intitulée **Placer l'icône de volume dans la barre des tâches** et cliquez sur OK. Une petite icône représentant un haut-parleur va apparaître dans la barre des tâches.

En double-cliquant ensuite dans l'icône du haut-parleur dans la barre des tâches, vous rappelez la fenêtre Contrôle du volume, ce qui permet de vérifier si tout est bien paramétré.

Problèmes audio et de qualité du son

Les cartes son actuelles possèdent de nombreux branchements, ce qui multiplie les sources de problèmes. Vérifiez tous les jacks et autres connecteurs à la recherche d'une inversion. Vérifiez les sorties haut-parleurs avant, arrière, gauche, droite, centre, basses.

Si le son n'est pas à la hauteur de vos attentes, vérifiez les points suivants :

- Si vos haut-parleurs sont de type numérique (*digital*), vous devez les avoir connectés par un câble numérique. Il ressemble à un câble RCA mono et se branche souvent dans le caisson de basses qui renvoie les signaux aux autres enceintes. Sans ce câble, vous n'aurez pas de son en mode *Digital*.
- Si vos haut-parleurs sont de type analogique, vérifiez les branchements. Il faut un câble stéréo pour chaque paire d'enceintes (et un câble mono pour le caisson).
- Si les enceintes fonctionnent sur piles, changez-les (et pensez à les éteindre quand vous n'en avez pas besoin).
- Ce sont des enceintes USB ? Vérifiez que vous avez activé le son digital du lecteur de CD. Certains vieux lecteurs de CD ne savent pas gérer le son numérique, et vous devrez vous rabattre sur des enceintes traditionnelles (voir le Chapitre 11).

TRUC

Ayez un bon casque près de votre PC. Votre entourage vous en remerciera et vos jeux vidéo en seront encore plus captivants. De plus, un casque est utile pour le dépannage : branchez-le directement sur la sortie stéréo de la carte et voyez si vous entendez quelque chose. Vous pourrez ainsi détecter une panne d'enceintes.

- Si vous êtes bloqué, cherchez sur Internet. Bien d'autres que vous ont eu les mêmes problèmes et ont relaté leurs aventures dans des groupes de discussion.

Quatrième partie

Communications et réseaux

"Je l'ai trouvé là à peu près à l'époque où mon mari a commencé à installer un réseau local."

Dans cette partie...

Cette partie traite des moyens de communication ouverts par les ordinateurs, surtout depuis l'arrivée de Windows XP.

Chapitre 13

Les modems

Dans ce chapitre :

- Le jargon des modems.
- 56K, ISDN, Numéris, ADSL, câble et autres technologies.
- Installation d'un modem externe.
- Configuration de l'accès Internet.
- Installation d'un modem ADSL.
- La fonction télécopie.
- Le problème de la signalisation d'appel.

De nos jours, tous les ordinateurs sont livrés avec un modem. Il s'agit d'un périphérique qui permet d'ouvrir son ordinateur sur le monde extérieur, via l'Internet et toutes ses déclinaisons (Web, e-mail et autres).

Le jargon des modems

Voici les termes principaux de la technologie du modem :

- **kb/s :** Il s'agit de la vitesse exprimée en kilobits par seconde. Plus la valeur est grande, plus le modem peut communiquer rapidement, en entrée ou en sortie. En dehors des anciens modems analogiques qui sont limités en théorie à 56 kb/s, tous les autres systèmes de communication utilisent des mesures exprimées en puissances de deux (128 kb/s, 256 kb/s, 512 kb/s, etc.).
- **Haut débit (ou large bande) :** Toutes les connexions plus rapides que le modem analogique sont considérées comme à haut débit. En général, vous profitez simultanément d'une plus

grande vitesse et d'une permanence de la connexion à Internet. Ces connexions envisagent ADSL, le câble et le satellite.

Les catégories de connexions à Internet

Voyons les différentes connexions et leur incidence sur le transfert des données.

Accès analogique RTC (Réseau téléphonique commuté)

Beaucoup de particuliers se connectent au Web via un modem analogique et une ligne téléphonique classique. Il suffit de relier le modem à votre prise de téléphone. Un modem analogique fonctionne au maximum à 56 kb/s. Pendant vos sessions Internet et l'envoie d'e-mail, la ligne est occupée. Vous ne pouvez ni recevoir ni donner des coups de fil. Le RTC reste la solution pour tous les villages qui ne seront peut-être jamais raccordés à l'ADSL.

Numéris (RNIS ou ISDN)

Numéris est le nom commercial donné par France Télécom à la technologie RNIS (Réseau numérique à intégration de services, en anglais ISDN). Cette technologie, permet d'atteindre les 64 kb/s sans monopoliser la ligne.

TRUC

Le réseau Numéris permet donc de continuer à téléphoner tout en surfant sur Internet.

Liaison satellite (DSS)

Vous installez une antenne parabolique sur le toit, vous la pointez sur le satellite auquel vous êtes abonné et vous voilà sur Internet. Cette technologie récente va de plus en plus être proposée par les réseaux de télévision par satellite tels que TPS. Vous pouvez espérer de l'ordre de 400 kb/s dans le sens descendant.

Les choses semblent s'accélérer puisque Tiscali annonce le haut débit par satellite aux mêmes vitesses et au même prix que l'ADSL.

ADSL

La technologie ADSL permet d'exploiter plus efficacement la paire de fils de cuivre qui arrive jusqu'à votre prise téléphonique. Apprenez qu'en téléphonant vous n'occupez qu'environ 10% ou moins de la capacité de débit de votre ligne. La technologie ADSL exploite les 90% restants. C'est ce qui permet d'atteindre des débits de 128 à 1 500 Kb/s.

Le A de ADSL signifie *Asymétrique*. Le sens montant et le sens descendant ne disposent pas de la même vitesse maximale.

Modem câble

Un modem câble offre les mêmes débits que l'ADSL, et parfois plus. Son principe est d'utiliser la liaison câble qui sert à votre abonnement à la télévision par câble. Votre opérateur de câble devient un fournisseur d'accès à Internet (un FAI).

Le modem câble permet de continuer à regarder la télévision tout en surfant sur Internet.

TRUC

En théorie, le modem câble permet un accès illimité, comme l'ADSL. Si vous en abusez en téléchargeant d'énormes volumes de données, vous serez peut-être contacté par votre opérateur qui vous proposera une formule d'entreprise.

Installation ou remplacement d'un modem

Niveau de QI : 80, mais variable selon la configuration.

Outils requis : Vos mains.

Coût : Entre 25 et 150 euros.

Points à surveiller : Les modems internes sont les moins chers.

De nos jours, tous les PC sont livrés avec un modem interne. Vous n'aurez à en installer un qu'en cas de panne.

Remplacement d'un modem interne

Cette opération se limite à extraire l'ancienne carte, à installer la nouvelle et à rebrancher le cordon téléphonique.

Pour une connexion par câble ou par satellite, le fournisseur enverra normalement un technicien pour procéder à l'installation chez vous. En revanche, pour les modems ADSL livrés en pack, l'installation vous incombe.

Installation d'un modem externe

Voici comment procéder :

1. **Repérez le port auquel vous allez connecter le modem.**

   Aujourd'hui, les modems externes sont tous soit sur port série, soit sur port USB.

2. **Reliez le port du modem au port de l'ordinateur.**

   Dans le cas d'un port série, c'est un petit connecteur à neuf broches rectangulaire (à bords arrondis). Dans le cas d'un port USB, c'est un petit connecteur rectangulaire à bords droits.

3. **Branchez le fil téléphonique à l'arrière du modem.**

   S'il n'y a qu'une prise téléphonique dans le modem, vous n'avez pas d'hésitation à avoir. S'il y en a deux, c'est moins simple. Une des prises sert à la liaison téléphonique et l'autre à brancher un téléphone. Il ne faut pas inverser les deux branchements.

   Normalement, les prises sont légendées. Celle qui montre un symbole de téléphone n'est pas celle à brancher dans le mur. Celle à brancher porte en général une légende du type *Line in* ou *Ligne*.

   Vérifiez le dessous du boîtier du modem. Les légendes y sont parfois collées. S'il n'y a ni manuel ni légende, faites des essais.

4. **Branchez le transformateur secteur du modem. Allumez le modem.**

5. **Demandez à Windows de détecter votre modem s'il ne le fait pas automatiquement.**

   Dans ce cas, ouvrez le Panneau de configuration et accédez à la catégorie **Imprimantes et autres périphériques**.

   Double-cliquez ensuite dans la catégorie **Options de modem et téléphonie**. Accédez à l'onglet **Modems** (Figure 13.1).

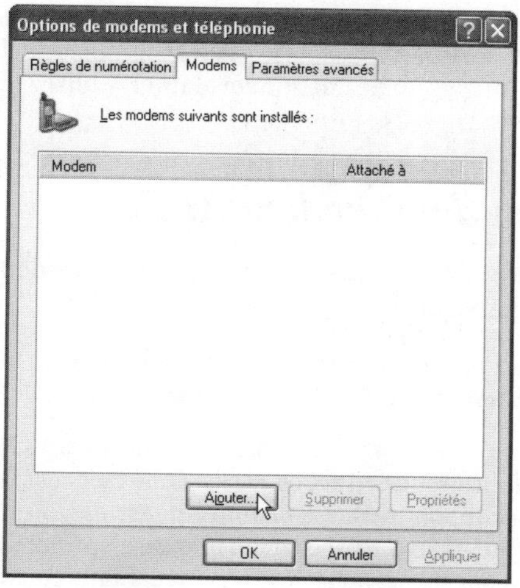

Figure 13.1 : Dans l'onglet Modems, établissez la reconnaissance de votre nouveau modem par un clic sur le bouton Ajouter.

Cliquez sur le bouton **Ajouter** pour lancer l'assistant d'ajout de matériel (Figure 13.2). Il va rechercher le nouveau modem et installer les éléments nécessaires.

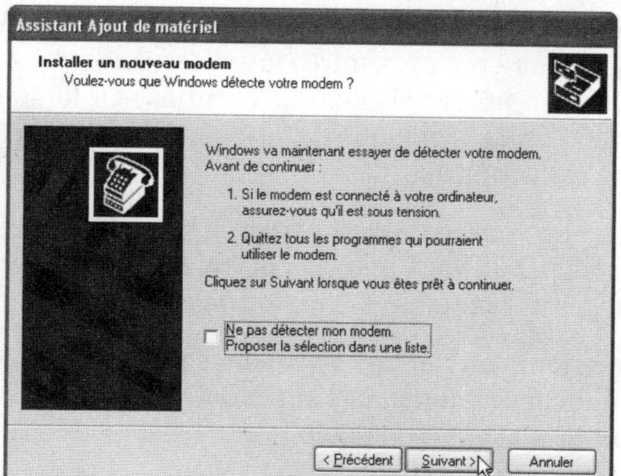

Figure 13.2 : L'assistant d'ajout de matériel recherche automatiquement votre nouveau modem.

Cliquez sur le bouton **Suivant**. Windows va chercher les pilotes appropriés. Une fois que l'assistant vous dit qu'il a réussi, cliquez sur le bouton **Terminer**.

6. **Si nécessaire, modifiez les paramètres.**

S'il s'agit de la première installation d'un modem sur votre machine, vous devez spécifier le code géographique de la zone. Accédez à l'onglet **Règles de numérotation**. Utilisez le bouton **Nouveau** et saisissez le formulaire.

Installation d'un modem ADSL

Voici quelques précautions à prendre pour que l'installation de votre modem ADSL se passe bien :

1. **Commencez par lancer une étude de compatibilité de votre ligne téléphonique avec la technologie ADSL.**

   Rendez-vous (avec votre vieux modem) sur les sites Web des différents fournisseurs d'accès ADSL. Tous ou presque proposent de vous répondre sur-le-champ à partir de votre numéro de téléphone que vous saisissez dans une case spéciale. Mais ne soyez pas déçu si la réponse est négative. Contactez votre agence France Télécom pour demander un avis technique sur l'éligibilité de votre ligne pour l'ADSL.

   Dans la mesure où France Télécom est simultanément fournisseur de votre fournisseur et prestataire lui-même à travers Wanadoo, il est possible, pour diverses raisons techniques, que certains accès ADSL soient disponibles d'abord pour Wanadoo, mais pas encore pour les autres fournisseurs d'accès. Dans ce cas, ne choisissez pas encore votre fournisseur lorsque vous demandez l'étude technique de faisabilité. Vous pourrez toujours choisir plus tard.

2. **Une fois que vous avez la preuve que votre ligne peut fonctionner en ADSL, vous pouvez contractualiser votre relation en vous inscrivant auprès d'un fournisseur d'accès.**

3. **Quelques jours ou quelques semaines plus tard, vous recevrez votre modem ou bien vous l'aurez acheté le jour même dans une boutique.**

   Attendez d'avoir la réponse du fournisseur vous confirmant que votre ligne ADSL est activée. Déballez le matériel et lisez soigneusement la documentation.

4. **Installez les logiciels de votre modem.**

   En général, les modems ADSL fonctionnent sur port USB. L'installation dépend de votre FAI. Respectez les consignes de son guide d'installation et, dans le pire des cas, téléphonez au support technique.

5. **Une fois les logiciels installés, branchez votre modem. N'oubliez pas d'utiliser la prise spéciale fournie avec le modem ; on l'appelle *filtre ADSL*. Chaque prise téléphonique de votre domicile doit avoir un tel filtre sinon la connexion sera lente et souvent interrompue.**

6. **Eteignez puis rallumez votre ordinateur pour faire détecter le modem.**

7. **Une fois que le modem est bien synchronisé, vous pouvez passer à la création d'une connexion en vous aidant éventuellement des logiciels fournis par votre fournisseur d'accès.**

8. **Un dernier conseil : pensez à mettre en place un logiciel pare-feu (Chapitre 15) à partir du moment où vous êtes connecté en permanence à Internet via ADSL.**

Modems et télécopies

Quasiment tous les modems analogiques savent émettre et recevoir des télécopies. Pour envoyer une télécopie via votre modem, il faut disposer d'un fichier et donc éventuellement numériser votre document dans votre scanneur, si vous en avez un. Inversement, les fichiers que votre modem reçoit doivent éventuellement être imprimés. Autrement dit, si vous disposez d'un télécopieur autonome, conservez-le.

N'OUBLIEZ PAS

Le problème ne se pose même plus pour les modems à haut débit, câble ou ADSL, qui ne savent pas gérer les télécopies. C'est une des raisons pour lesquelles vous conserverez votre bon vieux modem analogique ou votre télécopieur.

Si vous rencontrez des problèmes pour exploiter votre modem en tant que télécopieur, essayez les remèdes suivants :

- Nombreux sont les utilisateurs qui achètent un logiciel de fax, alors que Windows XP est livré en standard avec un tel programme, mais vous devez l'installer. Dans le Panneau de configuration, ouvrez le module **Ajouter ou supprimer des programmes** puis la catégorie de gauche **Ajouter/Supprimer des composants de Windows**. Dans la liste, descendez jusqu'à **Services de télécopie** et suivez les instructions.
- Vous pouvez résoudre certains problèmes en diminuant la vitesse de réception du logiciel de télécopie (valeur en bps).

- Vérifiez enfin que la configuration Classe 1/Classe 2 ou celle du Groupe de votre logiciel correspond aux possibilités du modem (voyez dans le manuel du modem).

Problèmes de déconnexion intempestive

Les personnes très demandées au téléphone ont souscrit au service de signal d'appel (ou appel en instance). Si quelqu'un vous appelle pendant que vous êtes déjà au téléphone, vous entendez un petit signal. Cela vous permet de commuter sur cette personne pour lui dire d'attendre quelques instants.

Mais les modems n'apprécient pas trop ces basculements. Si le modem est en train d'utiliser la ligne, le signal d'appel parvient parfois à le faire raccrocher.

La solution consiste à spécifier un préfixe numérique particulier devant le numéro de téléphone que vous faites appeler par le modem. Par exemple, au lieu d'appeler votre fournisseur d'accès au numéro **0123456789**, vous indiquez **#43#0123456789**. Ce code désactive le signal d'appel pour le prochain appel. Dès que le modem aura raccroché, le signal d'appel sera à nouveau en vigueur.

Voici comment faire pour mettre en place ce préfixe d'annulation du signal d'appel :

1. **Dans le Panneau de configuration, accédez à la catégorie Imprimantes et autres périphériques.**
2. **Accédez à la sous-catégorie Options de modem et téléphonie.**
3. **Dans l'onglet Règles de numérotation, choisissez votre emplacement puis cliquez sur le bouton Modifier.**
4. **Cliquez sur la case Désactiver un appel en attente en composant le :**

   Le message est montré Figure 13.3.

   Cliquez sur la liste à droite de cette option et saisissez le préfixe. En France, c'est souvent le **#43#**, mais renseignez-vous auprès de votre opérateur.

5. **Cliquez sur OK pour sauvegarder votre paramétrage.**

Si vous ne souhaitez désactiver le signal d'appel que pour les appels à votre fournisseur d'accès Internet, vous devez saisir le préfixe au début du numéro de téléphone de la connexion à votre fournisseur, et non dans les options décrites ci-dessus.

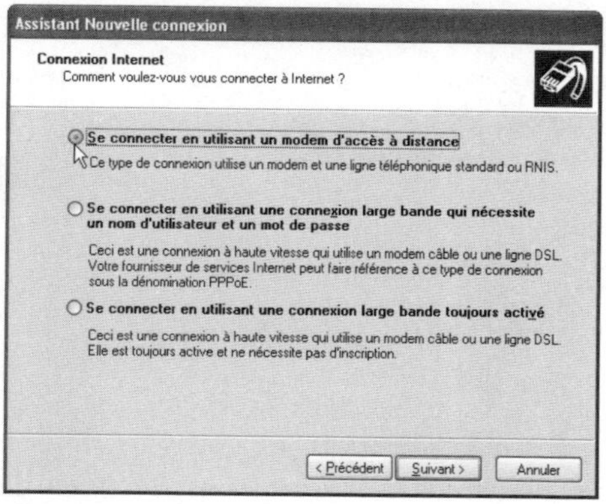

Figure 13.3 : La boîte de modification des règles de numérotation pour désactiver le signal d'appel.

Chapitre 14

Réseaux locaux

Dans ce chapitre :

- Choix du bon réseau.
- Les réseaux sans fil.
- Partage d'une connexion Internet.
- Installation et configuration du réseau.
- Ajout d'un accès à un réseau sans fil.

Voici quelques années encore, celui qui songeait à installer un réseau informatique à la maison était considéré comme un fou.

De nos jours, les réseaux se sont beaucoup démocratisés. Leur principal intérêt est de partager la même connexion à Internet, une imprimante ou un graveur de DVD.

Les principes des réseaux locaux

Voici une présentation des principaux réseaux locaux :

Réseau local (LAN, Local Area Network) : Petit groupe d'ordinateurs près géographiquement les uns des autres et reliés entre eux.

Nœud : Nom générique pour un ordinateur, une imprimante, un modem ou tout autre périphérique relié à un réseau.

Adaptateur réseau : Circuit électronique dont il faut doter un ordinateur pour qu'il puisse recevoir et émettre des signaux sur le réseau.

Taux de repli (fallback rate) : Vitesse inférieure qu'adoptent les systèmes de gestion d'un réseau lorsque le taux de parasites est trop important pour conserver la vitesse nominale.

Partage d'une connexion Internet (Internet Connection Sharing ICS) : Possibilité pour plusieurs ordinateurs d'un réseau local d'accéder à Internet par une seule connexion.

Passerelle (gateway) : Equipement ou logiciel gérant les relations entre deux réseaux, ou entre un réseau local et le réseau Internet.

Concentrateur (hub) : Boîtier externe alimenté séparément et disposant de témoins clignotants sur sa face avant. Il sert à distribuer les données réseaux grâce à une série de connecteurs sur lesquels se branchent les postes. Un réseau constitué de cinq PC a besoin d'un concentrateur avec au moins cinq ports. Les réseaux Ethernet filaires ont besoin de concentrateurs, mais pas les réseaux sans fil du genre Wi-Fi.

Switchbox : Version intelligente du concentrateur qui analyse les paquets de données et cherche à savoir qui a demandé quoi.

Pont (bridge) : Equipement réseau permettant de relier deux réseaux différents. Il sert également d'amplificateur de signal.

Routeur : Version sophistiquée du pont qui analyse chaque paquet de données entrant depuis un réseau pour le transmettre au destinataire approprié de l'autre réseau.

Témoins lumineux : Les témoins en face avant des équipements réseau permettent de surveiller l'activité du réseau.

WAP (Wireless Access Point) : Un point d'accès sans fil combine un pont et un routeur. Cet équipement est celui auquel se connectent les adaptateurs réseau sans fil d'un côté et le réseau filaire de l'autre.

WEP (Wired Equivalent Privacy) : Méthode de sécurité permettant d'éviter les écoutes et pénétrations illicites des réseaux sans fil.

Cryptage : Mécanisme de codage des données pour maintenir la confidentialité.

Protocole réseau : Langage et conventions utilisés par un réseau pour transmettre les informations, par voie filaire ou radio.

TCP/IP : Ensemble de protocoles réseau utilisé par Internet et par la plupart des réseaux informatiques actuels. Chaque ordinateur d'un réseau TCP/IP possède une *adresse IP* qui l'identifie de manière unique. Le réseau met en communication les terminaux en les identifiant via leurs adresses IP.

Réseaux domestiques sans fil

Le sans fil est à la mode. Tout le monde voudrait se débarrasser des câbles. Les réseaux sans fil n'aiment pas les obstacles. Réfléchissez à la situation de chaque poste avant de décider d'installer un réseau sans fil. Souvent, la solution idéale consiste à combiner réseau filaire et réseau sans fil.

802.11

Ce numéro bizarre est celui du premier standard des réseaux sans fil créé en 1997 par l'institut IEEE (*Institute of Electrical and Electronics Engineers*). Ce jeu de spécifications a déjà été dépassé par des variantes plus performantes.

Compatibilité : Les équipements 802.11 peuvent dialoguer avec des équipements 802.11b.

Le standard 802.11 permet d'atteindre 1 à 2 Mb/s dans la bande de fréquences des 2,4 GHz.

802.11b (Wi-Fi)

Cette version améliorée du standard 802.11 est la plus répandue. Le 802.11b offre suffisamment de performances pour les petits réseaux et pour les accès Internet. Sa grande popularité a permis à 802.11b de se voir attribuer un surnom très sympathique : *Wi-Fi*.

Compatibilité : Les périphériques Wi-Fi peuvent dialoguer avec des périphériques 802.11.

Extension du standard d'origine, la norme 802.11b autorise jusqu'à 11 Mb/seconde dans la bande des 2,4 GHz avec des paliers de repli à 5,5, 2 et 1 Mb/s en cas de faible qualité de la transmission.

802.11a

Bien que la lettre **a** soit avant la lettre **b** dans l'alphabet, le standard 802.11a est une évolution du 802.11b offrant plus de performances, mais une portée deux fois moindre.

Compatibilité : Les périphériques 802.11a ne peuvent parler qu'avec d'autres périphériques au même standard. Ils ne peuvent pas communiquer avec des réseaux Wi-Fi.

En théorie, le nouveau standard 802.11a permet d'espérer une vitesse de 54 Mb/s dans la bande de fréquence des 5 GHz avec des paliers de repli à 48, 36, 24, 18, 12, 9 et 6 Mb/s.

Bluetooth

Ce standard a d'abord été conçu pour éviter les câbles entre deux périphériques proches l'un de l'autre. Il n'est pas vraiment conçu pour les réseaux sans fil. Bluetooth est à très courte portée (quelques mètres) et à faible vitesse.

Compatibilité : Les périphériques Bluetooth ne peuvent que parler entre eux.

La norme Bluetooth a été conçue par les fabricants Ericson, IBM, Intel, Nokia et Toshiba pour offrir un débit de 1,5 Mb/s dans la bande de fréquence des 2,4 GHz.

Autres standards sans fil

Les ingénieurs travaillent actuellement à la norme 802.11g. Elle offrira les mêmes performances que le 802.11a mais restera compatible avec les réseaux Wi-Fi 802.11b. C'est la prochaine technologie à surveiller.

Réseaux locaux filaires

Pour l'instant, les réseaux les plus rapides utilisent encore des fils. Découvrons les réseaux filaires les plus utilisés de nos jours.

Ethernet (10Base-T) et Fast Ethernet (100Base-T)

Ethernet est un standard assez ancien. Il sert à transférer des informations via des câbles et des connecteurs qui ressemblent à des prises téléphoniques larges.

Le nouveau standard Fast Ethernet a éclipsé son prédécesseur parce qu'il fonctionne dix fois plus vite. Dans tous les cas, Ethernet se base sur une structure en étoile (Figure 14.1). Le concentrateur, routeur ou switchbox est installé au centre et sert de plaque tournante entre tous les postes individuels.

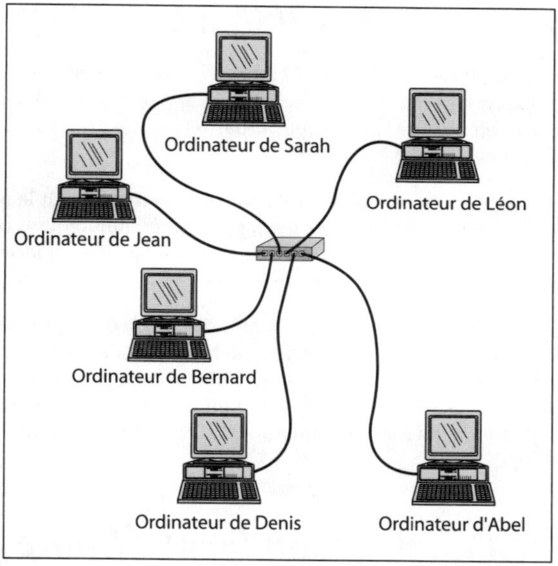

Figure 14.1 : Les câbles Ethernet ressemblent à des fils téléphoniques. Le réseau Ethernet relie toutes les machines à un point central.

Compatibilité : Les deux normes Ethernet (10Base-T) et Fast Ethernet (100Base-T) se distinguent par leurs câbles. Ils semblent identiques, mais vous ne pourrez pas obtenir les performances du Fast Ethernet sur un câble Ethernet. L'inverse est en revanche possible. (La qualité des câbles est indiquée de façon codée sur leur enveloppe.)

De nos jours, des équipements Ethernet et d'autres en Fast Ethernet peuvent cohabiter aisément parce que les concentrateurs et switchbox disposent de fonctions de détection automatique qui s'adaptent aux vitesses.

Fondé sur le standard IEEE 802.3, 10Base-T permet de transférer les données à 10 Mb/s via des câbles de catégorie 3 (CAT-3) dotés de connecteurs RJ-45. La longueur est limitée à 300 mètres.

Basé sur le standard IEEE 802.3u, le Fast Ethernet permet d'atteindre 100 Mb/s via des câbles de catégorie 5 (CAT-5) dotés de connecteurs RJ-45. La longueur maximale est de 100 mètres. On parle également de paires torsadées *UTP* (*Unshielded Twisted Pair*). Les câbles CAT-5 fonctionnent avec l'Ethernet 10Base-T.

FireWire, USB et USB 2.0

Windows XP reconnaît automatiquement FireWire en tant que réseau. Supposons l'ordinateur d'une personne appelée Nicole doté d'un port FireWire en plus de l'adaptateur Ethernet qu'elle utilise pour son réseau local.

Si Nicole branche un câble FireWire entre sa machine et le port FireWire de son portable, les deux peuvent communiquer. De plus, le portable peut accéder au réseau de l'entreprise, car Windows XP crée automatiquement un pont entre les deux réseaux.

Vous pouvez donc aisément créer un réseau de deux postes au moyen des ports FireWire des machines. Sachez cependant qu'un câble FireWire ne peut pas faire plus de 5 mètres de long. Dès que vous vous écartez du cas minimal de deux machines face à face, il faut prévoir des équipements réseau compatibles FireWire (concentrateurs, routeurs, etc.).

Installation d'un réseau local (filaire ou sans fil)

Commencez par dessiner sur papier le schéma de votre réseau. Dessinez vos différents postes de travail à l'échelle et déterminez un emplacement à peu près à égale distance de tous. Ce sera le point d'implantation de votre concentrateur ou switchbox.

Puisque votre plan est à l'échelle, mesurez les distances entre chaque machine et le point central, en ajoutant du mou pour les passages de câbles dans les angles et autour des bureaux. En cas de doute, rajoutez 3 mètres. Notez les longueurs des câbles pour chaque connexion.

Si certains ordinateurs sont trop éloignés, choisissez de les relier par un adaptateur sans fil. Vous pourrez connecter ces machines lorsque votre réseau filaire fonctionnera, comme nous l'indiquons dans la dernière section du chapitre.

Nous allons voir dans les sections qui suivent comment bien acheter les composants nécessaires pour Windows XP, comment installer les composants et comment configurer Windows XP pour faire fonctionner le réseau.

Nous verrons finalement comment ajouter un point d'accès sans fil à notre réseau filaire.

Achat des composants du réseau

Copiez la liste suivante et allez chez votre revendeur.

- Un câble Ethernet 100Base-T CAT-5 pour chaque machine.

  Les câbles pour réseaux Fast Ethernet portent plusieurs noms, et notamment 100Base-T, TPE, UTP ou CAT-5. Chez le revendeur, demandez plus simplement le câble réseau qui ressemble à un fil téléphonique et sur lequel est marqué "CAT-5" ou "Catégorie 5".

  Si nécessaire, achetez un adaptateur sans fil.

- Achetez une carte réseau pour chaque machine qui n'en a pas.

  Il vous faut une carte PCI Plug and Play 100Base-T Ethernet pour chaque machine du réseau. Vérifiez que les cartes sont compatibles Windows XP ou Windows 2000.

  La plupart des ordinateurs sont livrés de nos jours avec une carte réseau. Vérifiez à l'arrière de la machine : vous devriez voir une prise ressemblant à celle pour les téléphones (attention, elles sont un peu plus larges). Ne confondez pas avec la prise du modem interne.

  Voici quelques conseils pour choisir le bon adaptateur :

  - Les cartes les plus rapides sont les Fast Ethernet PCI ; les cartes Ethernet 10Base-T sont moins chères, mais dix fois moins rapides. Dans tous les cas, il faut que la carte trouve un connecteur PCI libre.

  - Si vous n'avez plus de connecteur libre, achetez une carte ou un adaptateur USB, tout en sachant que c'est un peu moins rapide qu'une carte PCI.

  - Si un ordinateur est trop éloigné pour le relier par câble, achetez un adaptateur sans fil.

  - Vous devez voir la mention Plug and Play sur l'emballage et une mention de compatibilité Windows XP. S'il n'y a rien, cherchez si la carte est compatible Windows 2000.

- Achetez un switchbox (commutateur).

  Les câbles de toutes les machines doivent venir se brancher sur le commutateur central.

  Achetez un modèle offrant assez de ports pour toutes les machines et un ou deux ports libres.

N'oubliez pas qu'il faut un port pour chaque point d'accès sans fil.

Rappelons qu'un concentrateur est beaucoup plus lent qu'un switchbox.

Installation des cartes réseau et branchement des câbles

Si vous avez un modèle USB, branchez-le à un port libre. N'oubliez pas d'installer le pilote de l'adaptateur, éventuellement avant de brancher l'adaptateur lui-même.

1. **Préparez le CD original de Windows XP.**
2. **Eteignez et débranchez tous les ordinateurs.**
3. **Eteignez tous les périphériques.**
4. **Installez les cartes réseau dans les machines.**
5. **Remontez les capots.**
6. **Branchez les câbles entre les cartes réseau et le switchbox.**

   Ne branchez rien au port du switchbox marqué Uplink. Il sert à brancher un deuxième équipement réseau si vous avez besoin d'agrandir votre réseau.

7. **Allumez les ordinateurs et leurs périphériques.**

   Si tout va bien, Windows XP va démarrer, détecter le nouvel équipement et commencer à installer les logiciels appropriés. Si la carte était fournie avec un CD d'installation, lancez le programme Setup.

   Lancez l'assistant de configuration réseau de Windows XP comme l'explique la section suivante.

Utilisation de l'assistant Configuration du réseau

Bien. Vous avez fait passer vos câbles chez vous et installé les composants matériels. Vous allez pouvoir vous reposer en laissant l'assistant de configuration réseau s'occuper de la suite. Lancez cet outil sur le plus puissant de vos ordinateurs et faites en sorte que ce soit celui qui est connecté à Internet.

Vérifiez que toutes les machines sont allumées, ainsi que les imprimantes et les modems externes. Ouvrez une connexion à Internet. Vous pouvez maintenant lancer l'assistant :

1. **Sur l'ordinateur relié à Internet, démarrez Assistant Configuration du réseau puis cliquez sur Suivant.**

   Pour lancer l'assistant, cliquez dans la catégorie Connexions réseau et Internet. Cliquez ensuite dans la ligne Configurer ou modifier votre réseau domestique....

   L'assistant apparaît, prêt à vous aider (Figure 14.2).

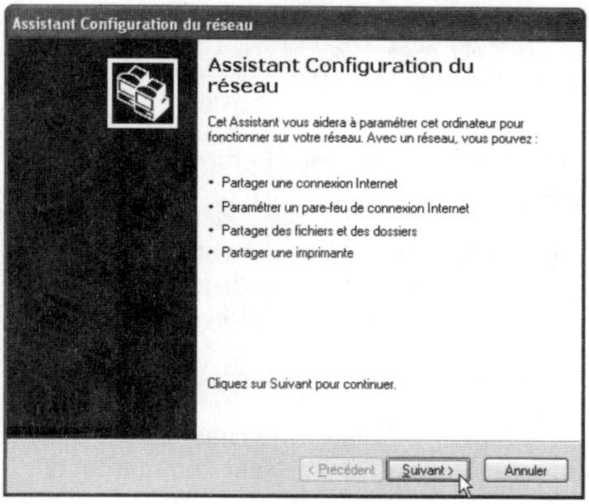

Figure 14.2 : L'assistant Configuration du réseau vous aide à tout configurer.

2. **Lisez l'écran et cliquez sur Suivant.**
3. **Donnez des détails sur votre connexion Internet et cliquez sur Suivant.**

   Comme le montre la Figure 14.3, l'assistant veut savoir si la machine se connecte directement à Internet ou si elle doit partager la connexion avec un autre ordinateur.

   Puisque l'ordinateur sur lequel vous avez lancé l'assistant est celui qui se connecte à Internet, vous choisissez la première option. (Vous choisirez l'option *Autre* pour les autres machines du réseau.)

4. **Choisissez votre connexion dans la liste si on vous le demande, puis cliquez sur Suivant.**

   Il est possible que l'assistant propose une des connexions ; vous pouvez accepter ce choix.

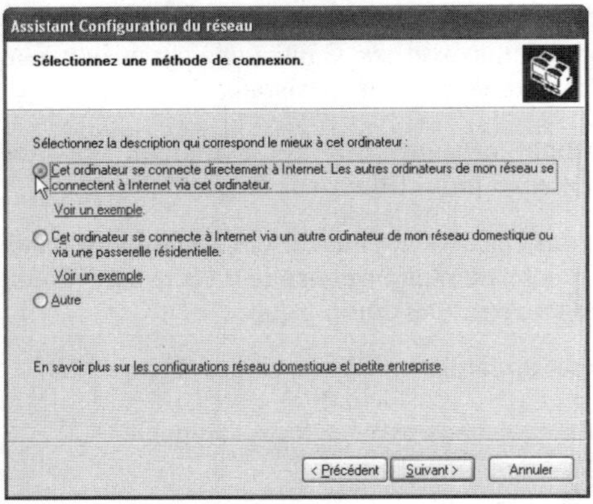

Figure 14.3 : Si votre machine se connecte directement à Internet, choisissez la première option.

5. **Donnez un nom et un descriptif pour l'ordinateur et cliquez sur Suivant.**

   Ce nom servira une fois le réseau configuré. Si vous demandez à voir les noms d'ordinateurs et les descriptions, Windows présentera les noms et la description que vous indiquez ici.

6. **Donnez un nom au réseau ou au groupe de travail.**

   Il faut que le nom du réseau soit le même sur tous les ordinateurs du réseau pour qu'ils puissent communiquer.

7. **Vérifiez les paramètres et cliquez sur Suivant.**

   Windows présente un récapitulatif de tous les paramètres sélectionnés et vous demande de confirmer. Dès que vous cliquez sur **Suivant**, Windows accède à Internet et permet aux autres machines de partager cet accès. Notez que Windows XP est livré avec un pare-feu qui est installé automatiquement (Chapitre 15).

   Au bout de quelques instants, le réseau va démarrer automatiquement.

8. **Si votre réseau accueille des machines sous Windows 98 ou 95, vous devez créer une disquette de configuration puis cliquer sur Suivant.**

   Si cela vous concerne, créez la disquette au moyen du bouton **Créer un disque**. (Vous devez avoir sous la main une disquette vierge ou une disquette dont le contenu ne vous est plus utile.) Il est inutile de faire une telle disquette pour Windows XP, 2000 ou Me.

9. **Cliquez sur Terminer.**

10. **Lancez le même assistant sur toutes les autres machines du réseau.**

    Suivez la même procédure pour les machines Windows XP, Windows 2000 ou Windows Me. Vous pouvez aussi insérer le CD original de Windows XP, choisir l'option Effectuer des tâches supplémentaires, puis l'option Créer un réseau domestique ou un réseau de petite entreprise.

Pour lancer l'assistant sous Windows 95 ou 98, partez de la disquette créée dans l'étape 8. Insérez-la dans la machine, ouvrez la fenêtre Poste de travail, double-cliquez dans l'icône de la disquette puis sur le nom du fichier netsetup. L'ordinateur va poser quelques questions, se configurer et redémarrer.

- Normalement, l'assistant se sort étonnamment bien de sa tâche. Une fois que toutes les machines ont redémarré, il est fort probable qu'elles se soient reconnues mutuellement.
- Chaque machine Windows XP en réseau rassemble les dossiers partagés dans un dossier *Documents partagés*. Ce dossier comporte à l'origine deux sous-dossiers *Images partagées* et *Musique partagée*.
- Les autres ordinateurs du réseau peuvent accéder aux fichiers du dossier des documents partagés, mais également à une imprimante partagée et à la connexion modem. Les autres dossiers sont inaccessibles. Pour partager un fichier avec d'autres machines, vous devez le déplacer ou le copier vers le dossier des documents partagés.

TRUC

Pour partager une imprimante, ouvrez la catégorie Imprimantes et autres périphériques et la sous-catégorie Imprimantes et télécopieurs. Cliquez-droit dans la ligne de l'imprimante désirée et choisissez Partager. Indiquez un nom public pour l'imprimante puis cliquez sur OK. Sur les autres ordinateurs, utilisez le menu d'ajout d'une imprimante pour rechercher et ajouter la nouvelle imprimante réseau.

Ajout d'un point d'accès sans fil à un réseau filaire

Les réseaux filaires fonctionnent pour l'instant bien mieux que les réseaux sans fil. Leur configuration est plus facile, plus rapide et plus fiable. (Et pourtant, ce n'est pas toujours immédiat.) Mais il faut parfois utiliser un accès sans fil. Vous seriez sans doute heureux de pouvoir éviter de faire passer un câble par l'escalier ou à travers le jardin. La meilleure solution consiste à utiliser un peu des deux : vous reliez par câble tous les ordinateurs pour lesquels c'est possible afin de constituer le réseau principal, puis vous ajoutez des adaptateurs sans fil pour les machines pour lesquelles un câble est peu commode. Il faut bien sûr prévoir un point d'accès sans fil branché sur le réseau filaire.

Voyons comment ajouter un point d'accès sans fil :

Achat des composants du réseau sans fil

Il faut deux composants au minimum :

- **Un point d'accès sans fil (AP) :** Ce composant servira de routeur pour échanger les informations entre plusieurs ordinateurs dotés d'un adaptateur sans fil et le réseau filaire. Votre commutateur ou votre switchbox du réseau filaire doit offrir un port libre pour y brancher le câble du point d'accès sans fil. (La Figure 14.4 montre un exemple de point d'accès sans fil avec ses deux petites antennes.)

Figure 14.4 : Exemple d'un point d'accès pour réseau sans fil qui se branche dans un switchbox ou un concentrateur. (Photo LinkSys.)

- **Un adaptateur réseau sans fil :** En général, ce composant se présente sous l'aspect d'une carte ou d'un périphérique se branchant sur un port USB.

Installation d'un point d'accès sans fil

L'ajout d'un nœud sans fil n'est pas très complexe :

1. **Branchez un câble Ethernet CAT-5 dans un port libre du concentrateur ou du switchbox.**

   Ne vous branchez pas sur le port Uplink. Situé en général tout à fait à droite, il est réservé au branchement d'un second switchbox ou concentrateur en cascade.

2. **Branchez l'autre extrémité du câble Ethernet CAT-5 dans votre point d'accès sans fil.**

3. **Reliez votre point d'accès sans fil au secteur via le transformateur et mettez-le sous tension.**

   Les petits témoins s'allument.

4. **Exécutez le logiciel de configuration du point d'accès sans fil.**

   Voici les éléments de configuration principaux que vous allez rencontrer :

   SSID (Service Set IDentifier) : Correspond au nom du réseau sans fil. Tout ce qui appartient à ce réseau doit utiliser ce nom.

   Configuration IP : Choisissez **Static** (parfois appelé **Assigned**).

   Windows XP va configurer le réseau selon le protocole DHCP (*Dynamic Host Configuration Protocol*). Lors de sa première connexion, chaque ordinateur se verra affecter un numéro temporaire appelé *Adresse IP*. L'adresse va changer à chaque connexion et déconnexion d'une machine.

   En attribuant une adresse permanente ou *statique* à votre point d'accès, cela vous permet ensuite de gérer la configuration du point d'accès depuis Internet Explorer. Au lieu de saisir une adresse Internet habituelle, vous tapez directement l'adresse IP statique du style : 192.168.0.37. Vous accédez ainsi directement à la page de configuration de votre point d'accès pour faire des réglages depuis n'importe quel ordinateur sur la planète (n'oubliez pas de prévoir un mot de passe pour y accéder).

   Infrastructure ou **Ad Hoc** : Vous choisissez *Infrastructure* pour vous connecter à un réseau filaire existant. Ceux qui s'ennuient dans les conférences commencent à prendre l'habitude de se brancher sur un réseau sans fil depuis leur portable en utilisant le mode Ad Hoc et en indiquant le même numéro de canal qu'un confrère dans la salle.

Wireless Equivalent Privacy (WEP) : Ce mécanisme permet de crypter les données avant de les envoyer dans l'éther. Pour une sécurité accrue, activez le mécanisme WEP. Voici les paramètres que j'utilise :

- **Enable :** Pour activer le cryptage WEP.
- **Longueur de clé 128 bits :** Permet le cryptage le plus sécurisé.
- **PassPhrase :** Semblable à un mot de passe, la phrase de passe permet de créer une chaîne de numéros servant à crypter les données. Vous devez vous souvenir de la phrase de passe et la saisir dans chaque ordinateur.

N'activez le mécanisme WEP qu'une fois le réseau en état de fonctionner.

5. **Sortez du logiciel de configuration du point d'accès et attendez quelques minutes.**

   Une fois le point d'accès en place, il vous faut installer les adaptateurs de réseau sans fil sur les machines concernées.

Installation d'un adaptateur réseau sans fil

Vous devez installer un adaptateur de réseau sans fil dans toute machine qui doit se connecter à votre réseau sans fil :

1. **Installez l'adaptateur réseau.**

   Dans le cas d'un adaptateur USB, il suffit de brancher au port USB.

   Une carte réseau s'insère dans un connecteur PCI.

2. **Lancez le logiciel de configuration de l'adaptateur.**

   Le logiciel varie d'un fabricant à l'autre, mais vous retrouverez toujours les paramètres suivants :

   - **Mode infrastructure :** Choisissez ce mode plutôt que le mode Ad Hoc qui concerne les machines reliées en poste à poste sans point central.
   - **SSID (Service Set Identifier) :** Correspond au nom du réseau sans fil. Vous devez utiliser le même nom que celui spécifié lors de l'installation du point d'accès sans fil.

3. **Redémarrez la machine.**

   En général, le logiciel de configuration vous demande de le faire. Dès que vous avez redémarré, vous devriez constater que le nouvel adaptateur a été détecté.

4. **Utilisez l'assistant de nouveau matériel.**

   Normalement, Windows démarre cet assistant pour le faire connaître à votre machine.

5. **Demandez à l'assistant de procéder automatiquement à l'installation.**

6. **Patientez une minute ou deux.**

   Double-cliquez ensuite sur l'icône de la connexion près de l'horloge.

7. **Lancez l'outil de configuration de l'adaptateur.**

   Pour activer et arrêter le support sans fil de Windows XP, cliquez-droit dans l'icône **Réseau** et choisissez **Propriétés**, puis cliquez-droit dans l'icône **Connexion réseau sans fil** et choisissez encore **Propriétés**. Accédez ensuite à la page **Configuration réseaux sans fil** et cliquez dans la case du haut de la page qui demande à Windows de configurer le réseau (**Utiliser Windows pour configurer...**).

   Vous ne devez pas laisser cette case cochée si vous voulez utiliser l'outil fourni avec l'adaptateur au lieu de laisser faire Windows XP.

Dépannage des petits problèmes réseau

Voyons ces petits tracas dans les deux sections suivantes.

Problèmes des réseaux filaires

- Si certaines machines ne reconnaissent pas le réseau, arrêtez toutes les machines. Allumez ensuite l'ordinateur doté de la connexion Internet et vérifiez qu'il peut bien se connecter à Internet.
- Allumez ensuite une par une les autres machines pour détecter celle qui pose problème.

- Une fois que vous avez trouvé le canard boiteux, vérifiez ses connexions.
- Lancez le Gestionnaire de périphériques de Windows, pour savoir si Windows n'affiche pas des erreurs au niveau de l'adaptateur. Voyez si vous disposez des pilotes les plus récents.
- En cas de problème, lancez l'assistant de connexion réseau. Redémarrez la machine et relancez le même assistant.
- Assurez-vous que le pare-feu de Windows XP a été désactivé sur toutes les machines réseau sauf celle qui est physiquement connectée à Internet.
- Dans le menu **Démarrer**, choisissez **Aide et Support** puis accédez à la catégorie **Gestion des réseaux et Web** et cherchez **Résolution des problèmes de réseau et de Web**. Windows XP va vous offrir toute une série d'outils pour diagnostiquer les problèmes réseau.

Problèmes des réseaux sans fil

Les réseaux sans fil peuvent rencontrer bien plus de problèmes sécuritaires que les réseaux filaires.

- Vérifiez que la puissance du signal radio est suffisante en affichant la boîte des propriétés de l'adaptateur réseau. Si le signal est trop faible, le réseau ne peut pas fonctionner. Vous pouvez essayer de déplacer le point d'accès réseau ou de le réorienter.
- Tout en gardant un œil sur l'affichage de force de signal, pointez l'antenne légèrement dans une autre direction. Si l'adaptateur est de type USB, déplacez-le sur le bureau. Vous pouvez même le coller contre un mur avec du Velcro.
- Faites de même avec l'antenne du point d'accès réseau. Les antennes fournies sont souvent directives, ce qui signifie que le signal est plus puissant dans certaines directions. Considérez l'achat d'un deuxième point d'accès réseau pour augmenter la surface couverte.
- Vérifiez que le point d'accès et toutes les machines fonctionnent dans le même mode, en général le mode Infrastructure.
- Désactivez temporairement le cryptage. Si les connexions sans fil fonctionnent ainsi, vérifiez que vous utilisez le même cryptage sur toutes les machines.

- Abandonnez l'outil de configuration de l'adaptateur au profit de celui livré avec Windows XP ou inversement.
- Appliquez toutes les astuces indiquées dans la section concernant les réseaux sans fil ci-dessus.
- Finalement, cherchez sur Internet et auprès des personnes compétentes.

Chapitre 15

Les pare-feu contre les brûlures des pirates

Dans ce chapitre :

- Configuration d'un pare-feu sous Windows XP.
- Les pare-feu d'autres éditeurs.

Internet est un gigantesque réseau de réseaux qui relie la planète entière. Cette ouverture au monde est dangereuse. En vous connectant à Internet, vous ouvrez une porte d'accès aux inconnus. Votre machine et vos données sont en péril sans que vous ne vous rendiez compte de rien.

Il faut doter votre ordinateur d'un gardien qui détecte les tentatives d'intrusion. Ce gardien est un logiciel ou un matériel appelé *pare-feu* (*firewall*).

Gestion du pare-feu standard de Windows XP

A la différence de ses prédécesseurs, Windows XP possède un pare-feu intégré.

Voyons comment activer le pare-feu ou vérifier qu'il fonctionne bien :

1. **Dans le menu Démarrer, choisissez Panneau de configuration.**
2. **Cliquez sur l'icône Connexions réseau et Internet.**

(Dans l'affichage en mode classique, double-cliquez directement sur l'icône **Connexions réseau** et passez à l'étape 4.)

3. **Cliquez sur l'icône Connexions réseau.**

   Windows XP présente toutes les connexions réseau en vigueur (Figure 15.1).

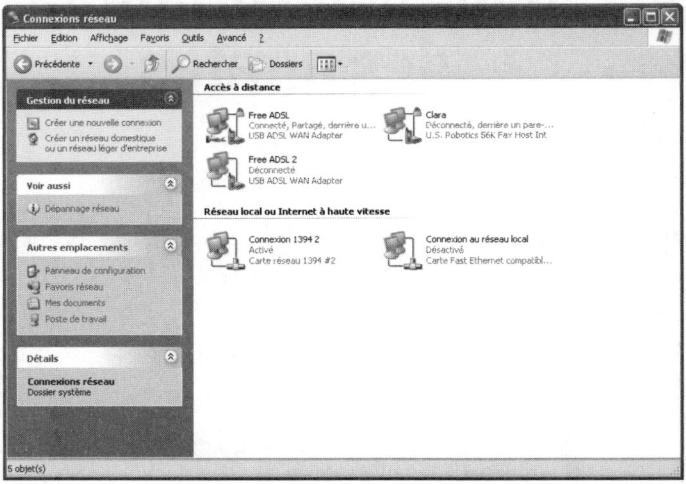

Figure 15.1 : La fenêtre des connexions réseau présente toutes les connexions définies.

Pour chaque connexion, vous voyez le nom, le statut (déconnecté ou connecté) et le périphérique (modem, carte réseau, etc.). Vous pouvez simplifier l'affichage au moyen de la commande **Réorganiser les icônes** du menu **Affichage**, en choisissant **Type** puis **Afficher par groupes**.

Voyons les connexions réseau que vous pouvez rencontrer (Figure 15.1).

- **Accès à distance :** Ce type d'icône apparaît lorsque la machine possède une connexion directe à Internet via une ligne téléphonique (conventionnelle ou ADSL). La ligne ou l'icône indique le nom du fournisseur d'accès, son état et le périphérique utilisé pour la connexion.

- **Passerelle Internet (Gateway) :** Cette icône apparaît lorsqu'un ordinateur partage une connexion avec une machine hôte sur le même réseau. Vous pouvez voir le nom du fournisseur d'accès et le nom réseau de la machine hôte, ainsi que l'état de la connexion à Internet.

- **Pont réseau :** Un pont permet de relier deux réseaux. Sur la Figure 15.1, nous voyons que la machine est reliée d'une part par une connexion 1394 (FireWire), et d'autre part par la carte réseau pour le réseau local.

4. **Cliquez-droit sur la connexion Internet à protéger et choisissez Propriétés.**

N'activez pas le pare-feu Windows XP sur les machines qui partagent une connexion Internet. Cela les empêche de communiquer. Activez le pare-feu seulement sur la machine qui réalise la connexion à Internet.

La seule connexion Internet de la Figure 15.1 est la connexion Free ADSL. Cliquez-droit sur cette icône et choisissez **Propriétés**. La boîte permet de connaître les statistiques essentielles de la connexion.

5. **Cliquez sur l'onglet Avancé (le dernier).**

Vous voyez apparaître la Figure 15.2.

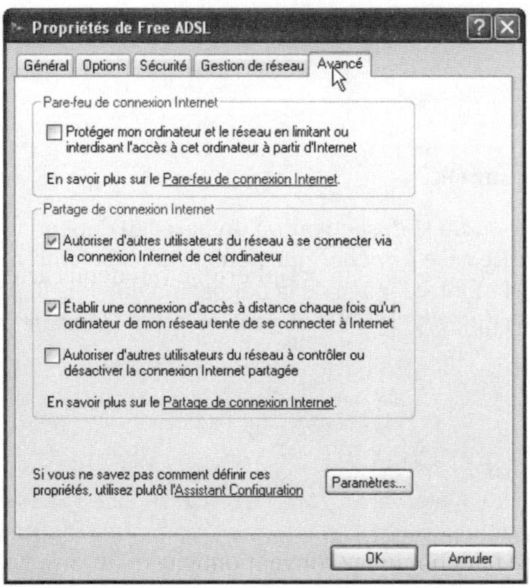

Figure 15.2 : Accès à la page Avancé des propriétés de la connexion.

Dans le haut de la boîte se trouve une case à cocher, dans la section *Pare-feu de connexion Internet*. Cela montre que le pare-feu n'est pas activé.

6. **Cliquez sur la case de l'option Protéger mon ordinateur et le réseau....**

   En cochant la case (Figure 15.3), vous activez le pare-feu.

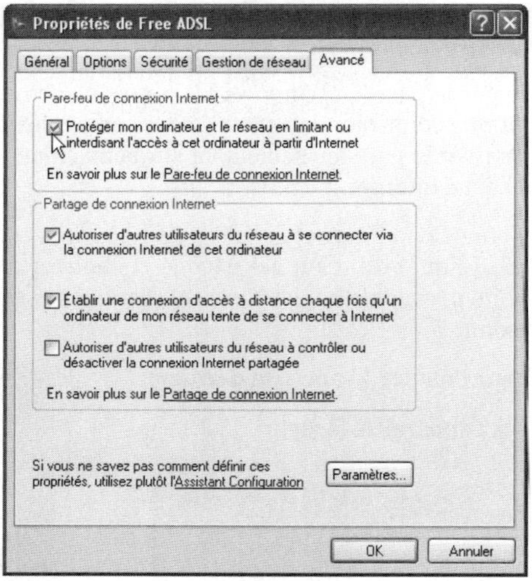

Figure 15.3 : Cochez la case pour activer le pare-feu.

7. **Cliquez sur OK.**

   L'activation ou la désactivation du pare-feu dépend uniquement de la petite case à cocher que nous venons de voir. La Figure 15.4 montre l'icône de la connexion une fois le pare-feu activé. (Vous voyez le début de la mention "*Derrière un (pare-feu)*").

Figure 15.4 : Une connexion protégée par un pare-feu.

Tenez compte des points suivants lors de la gestion de votre pare-feu Windows XP :

- Sauf dans le cas très rare où votre port IEEE 1394 est relié à un modem, n'activez pas le pare-feu de Windows XP sur ce port. Les ports 1394 servent d'abord à transférer des fichiers vidéo entre un caméscope et un ordinateur. Internet n'est pas concerné.

  Si vous vous connectez à Internet via un routeur qui distribue les informations, n'utilisez pas le pare-feu de Windows XP. Les ordinateurs de votre réseau ne sont pas directement reliés à Internet et sont donc en sécurité.

- Si vous utilisez AOL, tout cela ne vous sert à rien. En effet, AOL utilise des connexions spéciales qui n'autorisent pas les abonnés à jouer avec la configuration réseau, ni à activer un pare-feu.

Activation de la journalisation du pare-feu

Le pare-feu de Windows XP fonctionne en tâche de fond et surveille les connexions entrantes demandées par votre ordinateur. Il n'autorise que celles qui sont des réponses à vos demandes. Si quelqu'un tente d'entrer dans votre machine depuis Internet alors que vous n'avez pas fait de demande correspondante, le pare-feu bloque les données.

Le pare-feu est tellement discret que vous ne savez parfois pas qu'il fonctionne bien. Mais vous pouvez lui demander de laisser une trace de son travail.

En activant la fonction de journalisation, le pare-feu ajoute des lignes décrivant toutes les connexions qu'il a bloquées.

Voyons comment activer cette fonction :

1. **Ouvrez le Panneau de configuration, cliquez sur l'icône Connexions Internet et réseau puis sur l'icône Connexions réseau.**

2. **Cliquez-droit sur l'icône de la connexion dotée du pare-feu puis cliquez sur Propriétés.**

3. **Ouvrez l'onglet Avancé et cliquez sur le bouton Paramètres.**

4. **Cliquez sur l'onglet Journal de sécurité (Figure 15.5).**

5. **Cochez la case Enregistrer les paquets ignorés.**

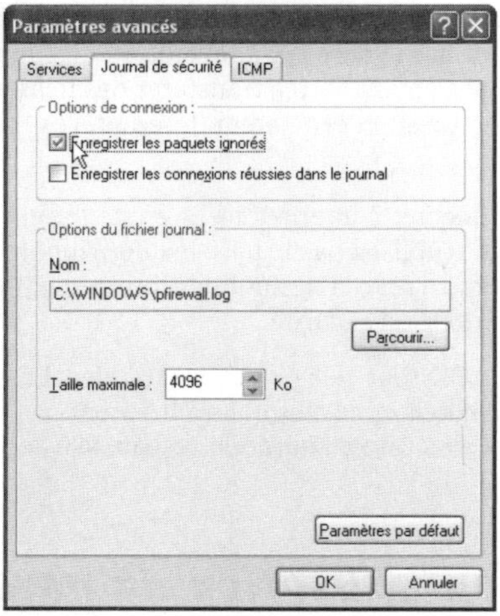

Figure 15.5 : L'onglet Journal de sécurité permet d'activer la journalisation du pare-feu.

Cette option demande au pare-feu de noter des informations pour toute connexion qui n'est pas le résultat d'une demande provenant de votre machine.

Ne cochez pas la seconde case (*Enregistrer les commandes réussies dans le journal*). Cela remplirait votre fichier journal bien trop vite.

6. **Affichez le fichier journal.**

   Normalement, Windows stocke le fichier journal dans le dossier Windows, dans un fichier appelé **pfirewall.log**. Cherchez-le puis ouvrez-le dans le Bloc-notes comme sur la Figure 15.6.

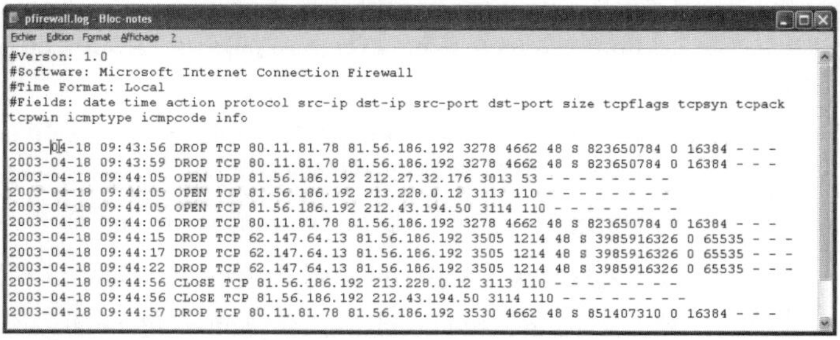

```
#Verson: 1.0
#Software: Microsoft Internet Connection Firewall
#Time Format: Local
#Fields: date time action protocol src-ip dst-ip src-port dst-port size tcpflags tcpsyn tcpack
tcpwin icmptype icmpcode info

2003-04-18 09:43:56 DROP TCP 80.11.81.78 81.56.186.192 3278 4662 48 S 823650784 0 16384 - - -
2003-04-18 09:43:59 DROP TCP 80.11.81.78 81.56.186.192 3278 4662 48 S 823650784 0 16384 - - -
2003-04-18 09:44:05 OPEN UDP 81.56.186.192 212.27.32.176 3013 53 - - - - - - - -
2003-04-18 09:44:05 OPEN TCP 81.56.186.192 213.228.0.12 3113 110 - - - - - - - -
2003-04-18 09:44:05 OPEN TCP 81.56.186.192 212.43.194.50 3114 110 - - - - - - - -
2003-04-18 09:44:06 DROP TCP 80.11.81.78 81.56.186.192 3278 4662 48 S 823650784 0 16384 - - -
2003-04-18 09:44:15 DROP TCP 62.147.64.13 81.56.186.192 3505 1214 48 S 3985916326 0 65535 - - -
2003-04-18 09:44:17 DROP TCP 62.147.64.13 81.56.186.192 3505 1214 48 S 3985916326 0 65535 - - -
2003-04-18 09:44:22 DROP TCP 62.147.64.13 81.56.186.192 3505 1214 48 S 3985916326 0 65535 - - -
2003-04-18 09:44:56 CLOSE TCP 81.56.186.192 213.228.0.12 3113 110 - - - - - - - -
2003-04-18 09:44:56 CLOSE TCP 81.56.186.192 212.43.194.50 3114 110 - - - - - - - -
2003-04-18 09:44:57 DROP TCP 80.11.81.78 81.56.186.192 3530 4662 48 S 851407310 0 16384 - - -
```

Figure 15.6 : Affichage du contenu du fichier journal du pare-feu de Windows XP.

Configuration manuelle des ports d'un pare-feu

Les pare-feu, éléments indispensables d'un réseau, provoquent certaines gênes. C'est par exemple le cas de Instant Messenger de AOL qui ne peut plus émettre et recevoir des fichiers correctement une fois que le pare-feu de Windows XP est en place. Mais il y a une solution.

Voici comment configurer le pare-feu de XP en conséquence.

1. **Accédez à la fenêtre de vos connexions réseau.**
2. **Cliquez-droit sur la connexion que vous utilisez pour Internet et choisissez Propriétés.**
3. **Cliquez sur l'onglet Avancé puis sur le bouton Paramètres.**

   Vous revoyez la boîte de la Figure 15.7.

   TRUC : S'il n'y a pas de bouton **Paramètres**, c'est que XP n'a pas configuré le pare-feu de la connexion. Dans ce cas, ce n'est pas la faute du pare-feu si Instant Messenger ne fonctionne pas.

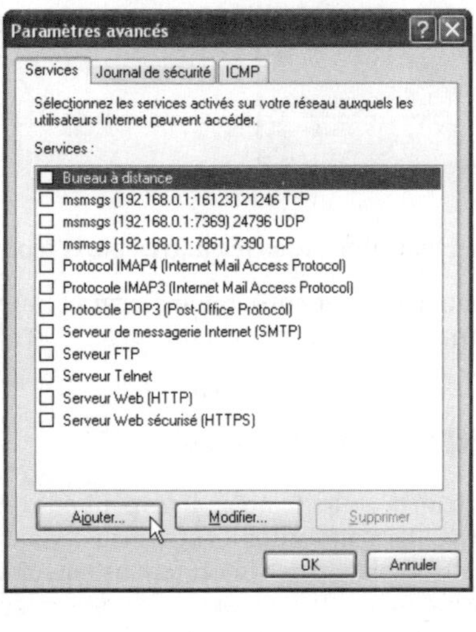

Figure 15.7 : La boîte Paramètres avancés permet de configurer le pare-feu.

4. **Configurez le port par un clic sur le bouton Ajouter.**
5. **Ajoutez une description dans la zone Description du service.**

Vous pouvez par exemple saisir **Activation du port 5190 pour AOL Instant Messenger**.

6. **Dans la deuxième zone, saisissez l'adresse 127.0.0.1.**

   Il s'agit de l'adresse IP de l'ordinateur qui possède la connexion partagée à Internet.

7. **Indiquez les numéros de port dans les zones Port externe et Port interne.**

8. **Cliquez sur le bouton radio TCP ou UDP puis cliquez sur OK.**

   Pour Instant Messenger, c'est le port *TCP* qu'il faut ouvrir. Votre boîte doit avoir l'aspect de la Figure 15.8.

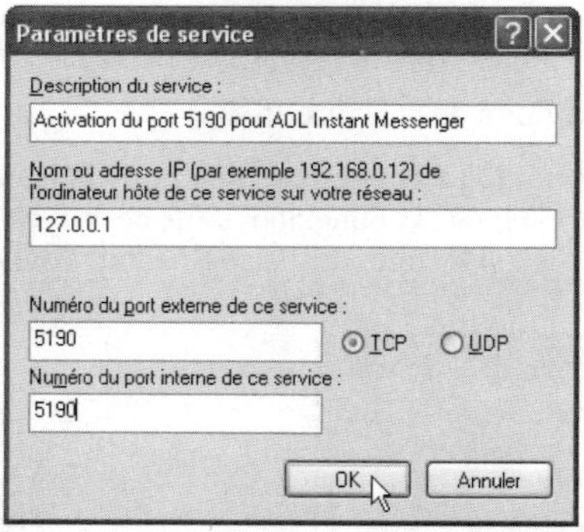

Figure 15.8 : Affichage de la boîte des paramètres après avoir configuré le port 5190.

9. **Faites la même chose pour tous les autres ports à ouvrir.**

   A partir de ce moment, votre programme devrait pouvoir communiquer malgré la présence du pare-feu.

Utilisation d'un autre pare-feu

Le pare-feu de XP est d'un secours minime. Il ne peut pas détecter les programmes qui sont venus s'implanter à votre insu dans votre machine pour transmettre ensuite des informations ailleurs. C'est le cas des virus et des vers qui mettent en place des programmes secrets, par exemple pour mémoriser toutes les touches frappées au clavier et les envoyer à un pirate. A partir de ces touches, le pirate peut récupérer tous vos mots de passe.

Voici quelques conseils.

- Configurez votre logiciel pare-feu pour qu'il vous pose la question à chaque première tentative d'un nouveau programme de se connecter à Internet (mode Apprentissage). Si c'est un programme que vous voulez pouvoir se connecter, cherchez un bouton d'autorisation permanente du style "Always Allow Access" ou "Remember This Answer". (En effet, les pare-feu ne sont pas toujours localisés en français.) Cette option vous permettra de ne plus être importuné par une question chaque fois que votre navigateur voudra accéder à Internet.
- Les premiers jours d'utilisation sont fatigants. Vous allez découvrir que des programmes portant des noms incroyables tentent de se connecter à Internet. Comment décider si vous devez autoriser ou pas ? Tout dépend de votre confiance dans Internet.
- Il en va un peu comme lorsque vous installez un nouveau système d'alarme chez vous. Vous devez apprendre les nouveaux codes et les nouvelles manières d'activer et de désactiver le système. Il n'y a pas d'autre solution.
- Lorsque le pare-feu vous avertit qu'un programme tente d'accéder à Internet depuis votre machine, notez soigneusement son nom, puis faites une recherche sur son nom avec les moteurs de recherche ou allez voir la base de connaissances Microsoft KnowledgeBase.
- Certains outils de maintenance déclenchent votre pare-feu. Il peut s'agir de programmes qui vérifient votre messagerie ou qui tout simplement se branchent sur le site de l'éditeur pour savoir si vous avez toujours la plus récente version du programme.
- Le pare-feu fournit toujours une liste des programmes que vous autorisez en permanence.

Cinquième partie

Installation et dépannage de Windows XP

"Attends, petit ! Tu crois que tu vas réussir à installer Windows XP sur cette antiquité ? J'espère pour toi qu'elle est de bonne humeur aujourd'hui."

Dans cette partie...

Cette partie du livre est entièrement consacrée à Windows XP. Nombreux sont les utilisateurs qui mettent à jour leur ordinateur ou en changent pour pouvoir gérer cette nouvelle version. Ceux qui ont déjà procédé à la mise à jour veulent savoir comment résoudre des problèmes ou remplacer des logiciels et des composants que Windows XP semble ne pas vouloir reconnaître.

Chapitre 16

Trouver les bons pilotes pour Windows

Dans ce chapitre :

- Installation d'un pilote pour un nouveau périphérique.
- Recherche d'un pilote.
- Le numéro de version du pilote.
- Correction d'un problème avec un nouveau pilote.
- Retour à un pilote antérieur.

En général, la mise à jour d'un ordinateur se passe sans aucun problème, un peu comme une soirée bien préparée. Vous installez le nouveau composant et Windows le reconnaît immédiatement, en annonçant son nom dans une petite fenêtre. Windows accueille chaleureusement le nouveau venu, lui sert un verre et le présente aux invités déjà présents.

Mais parfois la soirée s'annonce catastrophique. Windows fait la moue et l'ordinateur ne réagit pas. Vous avez beau l'éteindre puis le rallumer, il vous répond par un sévère message d'erreur qui ruine votre soirée.

Souvent, le problème ne relève pas du composant, mais de son pilote. Nous allons voir dans ce chapitre comment installer des pilotes corrects. Dès qu'un pilote semble poser problème, voyez immédiatement si vous pouvez le remplacer.

Parfois, le nouveau pilote est pire que le précédent. Nous verrons en fin de chapitre comment tirer profit d'un mécanisme secret de Windows XP pour revenir à l'ancien pilote et mettre le nouveau dehors (en attendant mieux).

Installation ou réinstallation d'un pilote

D'abord qu'est-ce qu'un pilote ? Un *pilote* est un logiciel qui permet d'assurer les communications entre le système Windows et un périphérique. C'est donc une sorte d'interprète. Certains pilotes ont besoin de plusieurs fichiers, et d'autres d'un seul. Les noms sont très variables, mais presque tous les périphériques de l'ordinateur ont besoin d'un pilote spécifique pour que Windows puisse le faire fonctionner.

Parfois, l'installation d'un pilote se fait sans souci et vous n'avez plus jamais à revenir dessus. C'est souvent le cas avec les périphériques plug and play qui se connectent sur les ports USB ou FireWire. Voici comment cela fonctionne lorsque tout va bien :

1. **Vous branchez le nouveau périphérique.**
2. **Vous attendez que Windows le reconnaisse.**

   Si vous avez allumé les haut-parleurs, Windows commence par émettre un son. En moins d'une minute, il présente une série de messages dans la barre des tâches, à côté de l'horloge indiquant qu'il a reconnu le périphérique (Figure 16.1). Il termine en vous indiquant que le périphérique est prêt à être utilisé.

Figure 16.1 : Indication de la détection d'un nouveau périphérique par Windows.

Recherche d'un nouveau pilote

La méthode la plus simple consiste à se connecter au site Web du fabricant de votre matériel.

1. **Trouvez le site Web du fabricant.**
2. **Rendez-vous sur le site Web du fabricant.**

3. **Cherchez sur le site Web la page concernant le téléchargement des pilotes.**

   Certains sites comportent un menu de téléchargement, parfois intitulé *Downloads* ou *Drivers*. Sil n'y a rien, cherchez un terme tel que *Support* ou *Support technique*. Si vous ne trouvez rien, essayez d'accéder au plan du site (*Site map*).

4. **Cherchez le pilote approprié à votre périphérique *et* à votre version de Windows.**

   Vous ne trouvez aucun pilote pour XP ? Vous pouvez essayer avec un pilote pour Windows 2000. En revanche, n'essayez pas avec un pilote pour une version antérieure, car cela ne fonctionnera sans doute pas.

5. **Stockez le fichier du pilote dans un dossier dont vous connaissez le nom.**

6. **Quittez votre navigateur Internet et examinez le fichier du pilote.**

   La plupart des pilotes sont livrés dans un fichier compressé au format .zip. Double-cliquez sur l'icône du fichier pour voir son contenu. Vous devriez repérer un fichier appelé **Setup**. Vous pouvez cliquer dessus pour lancer automatiquement l'installation du pilote.

   S'il n'y a pas de fichier pilote, lisez la suite.

   Vous n'avez encore jamais installé un pilote pour votre périphérique ? Dans ce cas, utilisez l'assistant Ajout de matériel décrit plus haut. Lorsque vous arrivez à l'étape 8, cliquez sur le bouton **Disque fourni**, utilisez le bouton **Parcourir** et montrez à Windows dans quel dossier vous avez stocké le fichier. Windows trouve le pilote, l'installe et c'est fini.

   Vous voulez mettre à jour un pilote existant ? Lisez d'abord la section suivante.

Dépannage de problèmes de pilotes avec le Gestionnaire de périphériques

Nous avons dit que lorsqu'un périphérique ne parvenait pas à fonctionner sous Windows, c'était généralement un problème de pilote. Les cartes vidéo (adaptateurs vidéo) souffrent souvent de tels problèmes en affichant des couleurs étranges ou des bordures parasites. Les imprimantes ont aussi quelques problèmes lorsque le pilote n'est pas idéal.

TRUC

Dès que vous rencontrez un problème au niveau d'un périphérique, lancez le Gestionnaire de périphériques. Vous trouverez ainsi le numéro de version du pilote et pourrez passer à la mise à jour ou à la réparation.

Pour obtenir la liste de tous les pilotes installés, lancez le Gestionnaire de périphériques comme nous l'indiquons maintenant :

1. **Dans Poste de travail, choisissez Propriétés.**
2. **Dans la fenêtre principale, cliquez sur l'onglet Matériel.**
3. **Cliquez sur le bouton Gestionnaire de périphériques.**

   Le gestionnaire apparaît (Figure 16.2). Vous voyez toutes les catégories de périphériques connues.

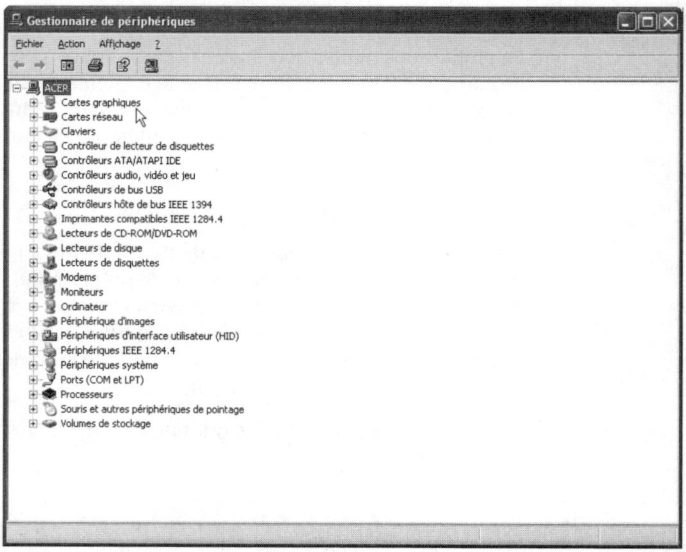

Figure 16.2 : Le Gestionnaire de périphériques sert de point central pour gérer les pilotes.

Pour chaque périphérique qui pose problème, le gestionnaire ajoute un symbole sur la gauche. Lorsqu'il s'agit d'une croix rouge, c'est que le périphérique est désactivé ; cela indique qu'il faut s'en occuper.

4. **Cliquez sur la case + de la catégorie dont vous voulez voir les détails.**

5. **Double-cliquez sur la ligne désirée pour obtenir des détails.**

TRUC

Si vous avez un souci, utilisez le bouton **Résoudre les problèmes**. Le système va vous poser une série de questions pour vous aider à en trouver la cause.

Dans l'onglet **Pilote**, cliquez sur le bouton **Détails du pilote** (Figure 16.3). Vous obtenez la liste de tous les fichiers utilisés par ce pilote pour fonctionner.

Figure 16.3 : Cliquez sur le bouton Détails du pilote pour tout savoir au sujet des pilotes.

Pour obtenir le numéro de version de chacun des fichiers du pilote, il suffit de cliquer sur la ligne correspondante. Vous verrez la version du fichier s'afficher sous la liste (Figure 16.4).

Mise à jour d'un vieux pilote

Voici la procédure de mise à jour d'un vieux pilote :

1. **Trouvez le numéro de version du pilote actuel.**

   Reprenez les étapes 1 à 5 de la section précédente. Dans l'étape 5, accédez aux détails du pilote et cliquez tour à tour dans la ligne de chaque fichier. Notez le numéro de version du fichier (parfois, tous les fichiers portent le même numéro de version).

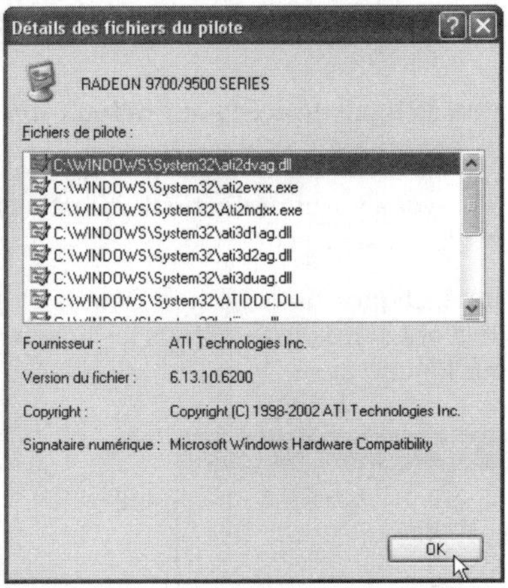

Figure 16.4 : La page des détails des fichiers du pilote permet de connaître le numéro de version de chaque fichier.

2. **Trouvez un pilote à jour.**
3. **Recommencez les étapes 1 à 5 de la section précédente. Dans l'étape 5, cliquez sur la page Pilote puis sur le bouton Mettre à jour le pilote puis sur Suivant.**

   Vous voyez apparaître l'assistant de mise à jour de matériel (Figure 16.5).

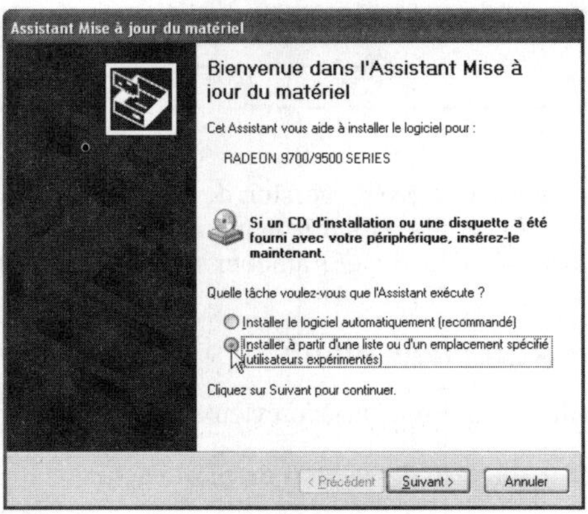

Figure 16.5 : L'assistant de mise à jour de matériel.

4. **Cliquez sur le bouton radio de l'option Installer à partir d'une liste... puis cliquez sur Suivant.**

L'assistant vous demande où il doit rechercher le fichier du nouveau pilote (Figure 16.6).

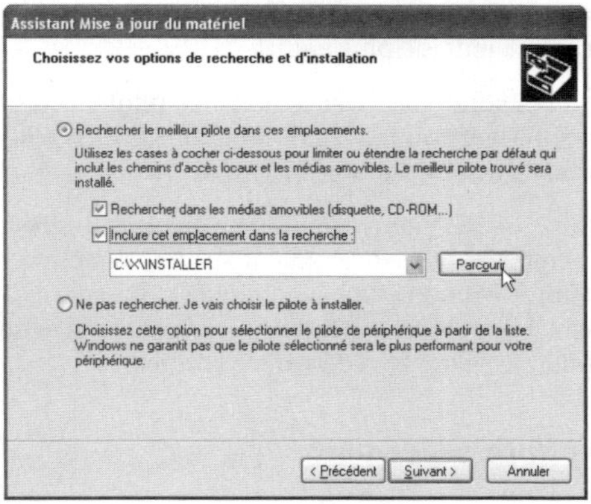

Figure 16.6 : Indiquez où se trouve le pilote.

5. **Lorsque vous avez désigné le dossier, cliquez sur Suivant.**

   Si le nouveau pilote se trouve sur un CD, insérez-le. Cliquez sur le bouton radio de l'option **Rechercher le meilleur périphérique dans ces emplacements**, puis cochez la case de l'option **Rechercher dans les médias amovibles**. Dès que vous cliquez sur **Suivant**, Windows analyse votre CD puis installe les pilotes. Vous avez fini.

   Si vous avez téléchargé le pilote, cliquez sur l'option **Inclure cet emplacement** puis sur le bouton **Parcourir**. Indiquez alors à Windows où vous avez stocké le nouveau pilote. Cliquez ensuite sur **Suivant**.

6. **Choisissez le pilote et cliquez sur Suivant.**

   Windows vous présente la liste de tous les pilotes compatibles trouvés. Dans la mesure où le dossier dans lequel vous avez stocké le fichier du pilote en contient peut-être d'autres, Windows présente tout ce qu'il a trouvé. Sélectionnez celui qui vous intéresse et cliquez sur **Suivant**. Windows l'installe. Vous avez fini.

   Si vous ne trouvez pas votre pilote dans la liste, utilisez le bouton **Disque fourni** et dites à Windows où se trouve le nouveau pilote. Windows devrait enfin le trouver.

Si Windows continue à se plaindre et considère que le pilote que vous lui proposez n'est pas meilleur que celui qu'il possède déjà, arrêtez tout. Cela signifie que le pilote que vous avez récupéré n'est pas une nouvelle version. Repartez en quête d'un nouveau pilote comme indiqué plus haut.

- Si les choses sont pires avec le nouveau pilote, revenez à la version antérieure au moyen du bouton **Revenir à la version précédente** que nous allons décrire de suite.

TRUC

Si l'installation d'un nouveau pilote provoque un dysfonctionnement complet de votre machine, démarrez Windows en mode **Sans échec**. Ce mode minimal n'initialise que les pilotes essentiels. Une fois sous Windows en mode sans échec, désinstallez le pilote et redémarrez l'ordinateur.

Retour au pilote précédent

Lorsque le pilote que vous venez d'installer ne tient pas ses promesses, mieux vaut revenir à la version antérieure :

1. **Lancez le Gestionnaire de périphériques et exécutez les étapes 1 à 5 de la précédente section.**
2. **Lorsque vous accédez à la page Pilote de l'étape 5, cliquez sur le bouton Revenir à la version précédente.**

   Ce chapitre pourra vous accompagner pendant des heures. Ce n'est jamais du temps perdu que de chercher un pilote qui exploite mieux un périphérique. Dès que vous avez un problème, allez d'abord voir le site Web du fabricant de votre équipement.

Chapitre 17

Mise à jour vers Windows XP

Dans ce chapitre :

- Mise à niveau de Windows XP.
- Activation de Windows XP.
- Retour à l'ancienne version de Windows.

Dans ce chapitre, nous allons nous intéresser à la migration d'un ancien système d'exploitation Microsoft vers le tout nouveau Windows XP.

Mise à niveau vers Windows XP

Utilisez la procédure suivante pour réaliser la mise en place de Windows XP sur une machine dotée d'une version antérieure de Windows :

1. **Insérez le CD original de Windows XP dans le lecteur de CD.**

   Vous voyez apparaître le menu d'installation de Windows XP (Figure 17.1).

   Choisissez l'option **Installer Microsoft Windows XP**.

2. **Dans la liste de la page suivante, choisissez Mise à niveau (recommandé) puis cliquez sur Suivant.**

   Normalement, cette option est déjà sélectionnée. Il suffit donc de cliquer sur **Suivant** (Figure 17.2).

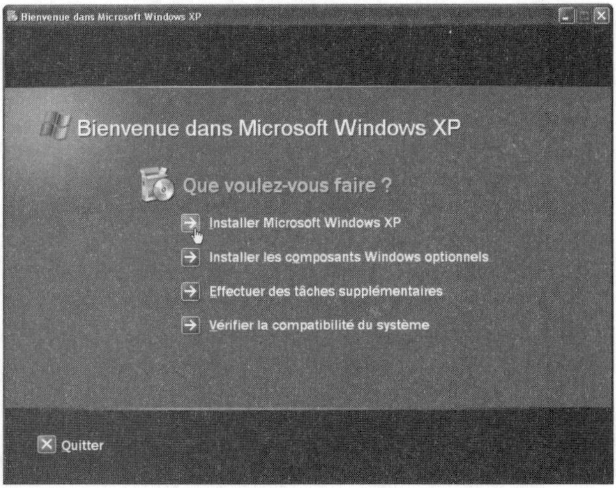

Figure 17.1 : Le menu principal de l'installation de Windows XP.

Figure 17.2 : Etape de choix entre mise à niveau et installation complète de Windows XP.

3. **Prenez le temps de lire le contrat de licence, puis cliquez dans le bouton radio J'accepte les termes de ce contrat et cliquez sur Suivant.**

4. **Vous passez à l'étape de saisie de clé du produit.**

   La clé du produit se trouve en général sur un petit autocollant non falsifiable sur le boîtier du produit. Saisissez la clé dans les zones de texte (Figure 17.3). Cliquez ensuite sur **Suivant**.

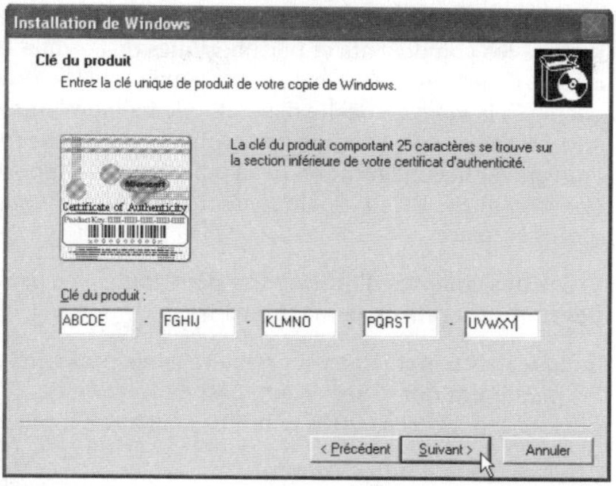

Figure 17.3 : Saisie de la clé produit de Windows XP.

Si vous n'avez pas de clé produit, vous voilà bloqué. Il est impossible d'installer Windows XP sans elle.

5. **Demandez la création d'un rapport de mise à niveau.**

6. **Consultez le rapport puis cliquez sur Suivant.**

   Si le rapport montre que quelque chose n'est pas compatible, mieux vaut arrêter l'installation et résoudre le problème. Si Windows XP indique de petits problèmes que vous connaissez déjà, vous pouvez cliquer sur **Suivant**.

   Dès que vous cliquez sur **Suivant**, Windows XP lance l'installation proprement dite. Il commence à installer quelques fichiers, redémarre l'ordinateur automatiquement, copie d'autres fichiers du CD, redémarre, et ainsi de suite.

   Après toutes ces opérations, Windows XP finit par vous poser une question.

7. **Cliquez sur le bouton Suivant.**

   Dès que vous le pouvez, utilisez le bouton **Suivant** dans le coin inférieur droit de l'écran.

8. **Vous devez décider si vous voulez activer Windows XP maintenant ou dans 30 jours.**

   Je choisis toujours l'option 30 jours. Cela me permet de peaufiner la configuration et de trouver le bon assortiment de mises à jour avant de figer la configuration de Windows XP par rapport à celle de mon matériel.

N'OUBLIEZ PAS

En effet, la fonction d'activation de Windows XP prend un cliché de tous les composants et périphériques de l'ordinateur, puis affecte le numéro de série de votre version de Windows à ce cliché. Cela vous empêche d'installer le même Windows sur une autre machine et vous crée des problèmes si vous modifiez trop amplement la configuration de la machine par rapport au cliché. (Le mécanisme est particulièrement sensible aux nouvelles cartes réseau.)

9. **Créez des comptes d'utilisateurs pour toutes les personnes qui devront se servir de la machine.**

   Indiquez votre nom dans la première zone, puis celui de toutes les personnes qui se serviront aussi de la machine. (Vous pourrez ajouter ces autres comptes à un autre moment.)

10. **Cliquez sur le bouton Terminer.**

   Vous devriez en avoir terminé. Enfin, presque. Vérifiez encore les points suivants avant de vous réjouir trop tôt :

   Vérifiez que Windows XP a détecté tout votre matériel. Accédez à l'outil **Gestionnaire de périphériques** et cherchez les lignes comportant une icône de point d'interrogation ou de problèmes plus graves.

   Si nécessaire, lancez l'assistant réseau. Cet assistant vous permettra de vérifier que le réseau fonctionne bien, et éventuellement que le pare-feu a été correctement configuré pour accéder à Internet.

   Mettez Windows Update en service. Cet outil permet de télécharger tous les correctifs de sécurité et mises à jour de pilotes proposés par Microsoft pour Windows XP.

   Vérifiez que Windows XP accepte tous vos logiciels. Lancez un à un tous vos anciens programmes pour vérifier s'ils fonctionnent. Même si le Conseiller a considéré que vos programmes étaient compatibles, ce n'est pas toujours le cas.

   Configurez des comptes utilisateurs. Souvent, Windows XP ne récupère pas les mots de passe et identifiants de la version antérieure de Windows. Ouvrez le module des comptes utilisateurs du Panneau de configuration et recréez les différents comptes.

   Installez le service de télécopie. Ce service n'est pas installé automatiquement. Windows XP dispose d'un logiciel pour envoyer et recevoir des télécopies via le modem. Accédez au module **Ajouter/Supprimer des programmes** du Panneau de configuration, double-cliquez dans l'icône **Ajouter/Supprimer des composants de Windows** et choisissez **Services de télécopie** (Figure 17.4).

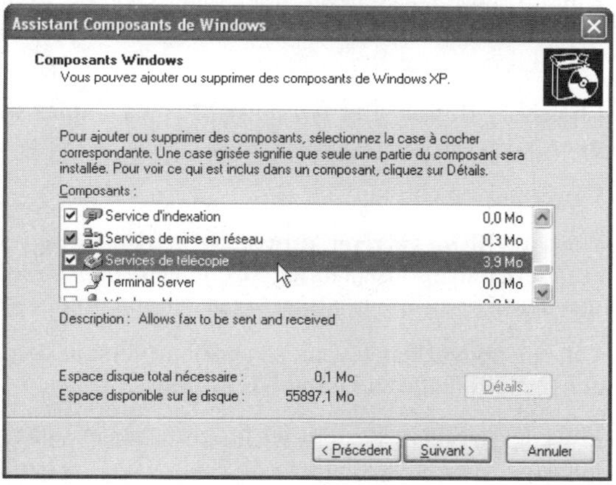

Figure 17.4 : Le CD de Windows XP comporte des programmes secrets, notamment un service de télécopie.

Convertissez votre disque vers NTFS. Ce n'est pas obligatoire, mais ce système de fichiers permet à Windows XP de mettre en œuvre toutes ses fonctions de sécurité, et de maintenir la confidentialité des données personnelles de chaque utilisateur. Sachez cependant que vous ne pourrez pas revenir à votre ancienne version de Windows si vous procédez à cette conversion.

- **Si nécessaire, revenez à votre ancienne version.** Si Windows XP n'a pas tenu ses promesses, sachez qu'il n'est pas trop tard pour replacer la machine dans l'état antérieur.

Retour à l'ancien Windows

Si vous n'êtes pas satisfait de votre installation de Windows XP, vous pouvez facilement revenir à l'ancien système. Voici comment :

1. **Accédez au Panneau de configuration.**
2. **Double-cliquez sur l'icône du module Ajouter ou supprimer des programmes.**

3. **Choisissez la ligne de Windows XP et cliquez sur le bouton Modifier/Supprimer.**

   Vous constatez que Windows XP a conservé tous les fichiers de l'ancienne version sous forme d'un gros fichier occupant environ 300 Mo. Il suffit de cliquer sur le bouton **Modifier/ Supprimer** de cette entrée de la liste pour revenir à l'ancien système.

4. **Choisissez Désinstaller Windows XP, puis cliquez sur Continuer.**

5. **Confirmez en cliquant sur Oui.**

   Windows XP va s'arrêter, provoquer le redémarrage du système et réapparaître sous sa forme XP. Finalement, il va redémarrer une dernière fois pour laisser la place à son prédécesseur.

Vous ne pouvez pas revenir à l'ancienne version si vous avez converti le disque au format NTFS.

Vous devez réinstaller tous les programmes installés pendant que vous étiez sous Windows XP.

Vous devrez retrouver tous vos documents, mais il faudra peut-être utiliser la fonction de recherche de Windows pour savoir où ils se trouvent.

En revanche, si Windows XP vous donne satisfaction au bout de quelques semaines, n'hésitez pas à supprimer l'ancienne version de Windows en choisissant l'option de suppression dans l'étape 4 ci-dessus.

Mise à jour vers Windows XP depuis Windows 95

Windows XP a totalement oublié son arrière-grand-père, Windows 95. Si vous tentez de faire une mise à jour depuis cette version, vous verrez apparaître de nombreux messages indiquant des conflits qui empêchent l'installation.

L'astuce consiste à faire une installation complète comme indiqué plus haut. (Il faudra peut-être utiliser les disquettes de démarrage.) Lorsque vous installez la version de mise à jour sur un disque vide, Windows vous demande d'insérer le CD de la version antérieure. Le message qui apparaît mentionne Windows 95 parmi d'autres versions.

TRUC

Surprise ! Vous allez constater que Windows XP accepte Windows 95, mais également l'ancien Windows NT 3.51 Workstation. Pourtant, ces deux produits sont considérés comme non acceptés pour une mise à jour de Windows XP, aussi bien sur la boîte du produit que sur le site de mise à jour de Microsoft.

Bien sûr, vous ne pourrez pas installer XP sur une machine qui fonctionne actuellement sous Windows 95 ou sur Windows NT 4.0. En revanche, lors d'une installation complète de XP, au moment où l'on vous demande de fournir une preuve comme quoi vous possédez l'ancienne version, le bon vieux CD de Windows 95 sera tout à fait accepté.

- L'astuce consiste donc à faire une installation complète et non une mise à jour depuis Windows 95.
- Normalement, Windows refuse de faire une mise à jour depuis un CD de restauration et la plupart des CD OEM. Pour contourner le problème, lancez l'installation complète lorsque vous utilisez encore la version qualifiante de Windows. Lorsque XP vous demandera si vous voulez mettre à jour ou réinstaller, optez pour une nouvelle installation et continuez à l'étape 5 de la procédure d'installation complète plus haut. Windows XP ne vous demandera pas de CD original parce que vous avez lancé l'installation depuis une version qualifiante de Windows.

Chapitre 18

Migration des données d'un ancien PC vers un nouveau

Dans ce chapitre :

- L'assistant Transfert de fichiers et de paramètres.
- Migrer avec un réseau local ou un disque dur externe.
- Récupérer les données d'un ancien disque dur.
- Migrer avec une connexion directe.
- Migrer avec des disquettes ou des CD.
- Sélection des fichiers, dossiers et paramètres.

La migration d'un ordinateur à un autre pose le délicat problème du transfert des données. Windows XP propose l'*Assistant Transfert de fichiers et de paramètres*. Il recherche tous les types de fichiers et tous les paramètres qu'il sait détecter. Vous pouvez peaufiner la sélection en ajoutant et supprimant des critères, puis vous laissez l'assistant transférer tout ce que vous avez sélectionné de l'ancien PC vers le nouveau.

Voyons comment tirer profit de cet assistant.

Choix de la méthode de transfert

L'assistant de transfert permet de choisir entre plusieurs méthodes pour migrer les données de l'ancienne vers la nouvelle machine. En voici une description par ordre décroissant de confort et de rapidité :

- **Réseau domestique ou de petite entreprise :** Si les deux machines sont reliées par un réseau, servez-vous absolument de cette méthode de transfert. C'est la plus rapide et vous aurez terminé le transfert en quelques minutes. Si vous n'avez pas de carte réseau, vous pouvez mettre en place une connexion réseau temporaire en branchant un câble FireWire au port FireWire de chacune des deux machines. Vous pouvez aussi acheter deux cartes réseau de bas de gamme et un câble Ethernet croisé. Servez-vous de l'assistant de configuration réseau. Dans ce cas, vous choisirez l'option de transfert **Autre** (voir plus loin).

  N'OUBLIEZ PAS

  Si vous avez besoin de faire migrer un gros volume de données, vous aurez bien du mal si vous n'optez pas pour cette méthode réseau ou un disque dur externe.

  TRUC

  Si la méthode basée sur le réseau n'est pas accessible dans la boîte (voir plus loin la Figure 18.3), choisissez la méthode **Autre**. Vous pourrez accéder à votre voisinage réseau par le bouton **Parcourir**.

- **Autre :** C'est le choix le plus polyvalent. Il permet de nombreuses possibilités.

  - Pour permettre un transfert rapide entre deux machines situées dans des pièces différentes, choisissez **Autre** pour envoyer les données à transférer sur un disque dur externe relié au port FireWire ou USB.

  - La méthode **Autre** permet de rassembler toutes les données dans un dossier sur le réseau ou sur l'ancien ordinateur. (Utilisez le bouton **Parcourir** et accédez aux ordinateurs de votre réseau et à leurs dossiers).

  - L'option **Autre** permet aussi de graver les données sur un CD. Vous choisissez dans ce cas un dossier de préparation sur l'ancienne machine. Lorsque l'assistant a fini de le remplir, vous le gravez sur un CD (il faut que sa taille soit inférieure à 640 Mo). Il ne vous reste plus alors qu'à introduire le CD dans la nouvelle machine avant de relancer l'assistant.

  - Choisissez enfin **Autre** si vous vous préparez à installer un nouveau disque dur. Servez-vous de l'assistant depuis le CD original de Windows XP lorsque vous fonctionnez encore avec l'ancien disque dur. Rassemblez ainsi tous les fichiers et paramètres dans un dossier de cet ancien disque. Installez ensuite le nouveau disque comme disque maître (C:), puis procédez à l'installation de Windows XP. Il ne restera plus ensuite qu'à demander à l'assistant d'aller récupérer les fichiers et les paramètres dans le dossier de l'ancien disque, devenu entre-temps le disque esclave D:.

Vous n'avez besoin de transférer que quelques paramètres pour un ou deux programmes entre deux ordinateurs ? Choisissez l'option **Autre** et créez un dossier contenant ces paramètres, puis envoyez le contenu du dossier par messagerie en pièce jointe. Une fois reçue votre pièce jointe, lancez l'assistant sur l'autre machine et faites-lui récupérer les paramètres depuis le fichier reçu.

- **Câble direct :** Si vous n'avez pas de réseau, vous pouvez choisir cette méthode qui est lente mais très simple. Il suffit d'acheter un câble de transfert série (également appelé *câble série LapLink* ou *câble Null modem*) qui vous coûtera moins de 20 euros. Si vous n'en trouvez pas, utilisez un câble série normal (non croisé) avec un adaptateur Null modem.

  Branchez le câble entre les ports série des deux machines. L'assistant va les détecter automatiquement et les configurer pour permettre le transfert.

  Les fichiers d'aide de l'assistant oublient de dire que la connexion par câble ne supporte que les ports séries, pas les ports parallèles. Pourtant, les ports parallèles sont plus rapides. (En revanche, la méthode basée sur le réseau permet d'utiliser les ports FireWire.) Les deux machines ne doivent pas être trop éloignées, car une liaison série supporte mal une distance de plus de 4 ou 5 mètres.

  Si vous choisissez le transfert par câble direct, évitez de transférer un gros volume de fichiers. Cette connexion est lente. Si vous y êtes forcé, lancez le transfert avant d'aller vous coucher et récupérez le travail le lendemain.

- **Lecteur de disquette ou autre lecteur amovible :** Bien que l'assistant parle d'autres lecteurs, cela concerne surtout les disquettes. Dans le rare cas où les deux machines disposent d'un lecteur de disques amovibles Zip, et si l'assistant détecte le lecteur sur les deux machines, vous pouvez vous en servir pour échanger un volume assez conséquent. Dans le cas contraire, il ne vous reste plus qu'à préparer une bonne pile de disquettes vierges et de vous armer de beaucoup de patience.

Utilisation de l'assistant de transfert

L'assistant travaille en deux phases. La première se déroule sur l'ancien ordinateur et consiste à désigner les paramètres et les fichiers concernés puis à en rassembler une copie. L'assistant va rapatrier tous les éléments sélectionnés dans un ou plusieurs gros fichiers. Dans la seconde phase, vous relancez l'assistant sur le nouvel ordinateur en lui indiquant où ont été centralisés les paramètres et les fichiers. L'assistant n'a plus ensuite qu'à extraire les informations et à les installer aux différents endroits appropriés.

Rappelons que l'assistant ne copie que les fichiers de données et les paramètres des programmes, pas les programmes eux-mêmes. Vous devez installer les programmes que vous utilisez sur l'ancien PC sur le nouveau, *avant* de lancer l'assistant sur ce dernier. Si vous les installez après, les paramètres personnalisés sont écrasés par les paramètres standard lors de l'installation du programme.

Songez à utiliser Windows Update avant d'utiliser l'assistant de transfert. En effet, Microsoft a publié des correctifs car l'assistant de transfert souffrait de quelques problèmes dans sa première version.

Etape 1 : collecte des données sur l'ancienne machine

Une fois que vous avez choisi votre méthode de transfert comme indiqué dans la section précédente, vous pouvez lancer l'assistant sur l'ancienne machine. Prenez la précaution de quitter tous les programmes ouverts avant de lancer l'assistant pour qu'il dispose de la machine pour lui seul.

1. **Insérez le CD original de Windows XP dans l'ancien ordinateur. Quand le menu apparaît, choisissez Effectuer des tâches supplémentaires puis Transférer des fichiers et des paramètres.**

   Vous voyez apparaître l'écran de l'assistant (Figure 18.1).

2. **Cliquez sur Suivant, choisissez Ancien ordinateur et cliquez sur Suivant.**

   Dans cette étape, l'assistant vous demande si vous êtes sur la nouvelle ou sur l'ancienne machine. Choisissez évidemment **Ancien ordinateur** (Figure 18.2). Dès que vous cliquez sur **Suivant**, l'outil analyse votre machine.

Figure 18.1 : L'écran d'accueil de l'assistant Transfert de fichiers et de paramètres.

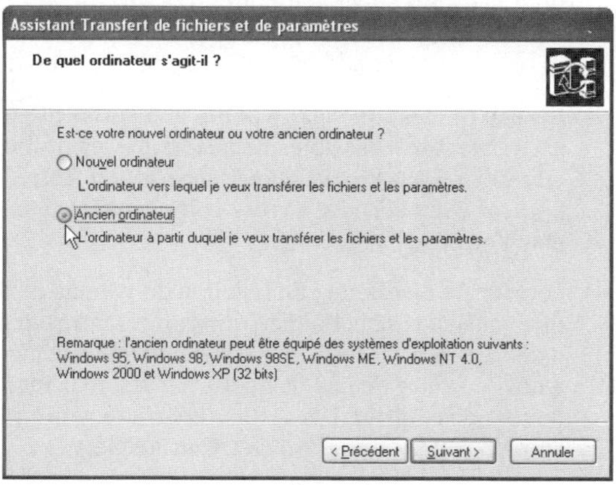

Figure 18.2 : Choisissez l'option Ancien ordinateur pour que l'assistant recherche les fichiers et les paramètres à récupérer.

3. **Choisissez votre méthode de transfert et cliquez sur Suivant.**

   Comme le montre la Figure 18.3, l'assistant a besoin de savoir dès maintenant quelle méthode vous comptez utiliser pour transférer les fichiers. Tout cela a été expliqué dans la section précédente. Choisissez votre méthode et cliquez sur **Suivant**.

   L'assistant modifie la suite de son comportement en fonction de la méthode de transfert choisie.

   - **Câble direct :** L'assistant vous demande de connecter le câble entre les deux machines (les ports séries). Utilisez le

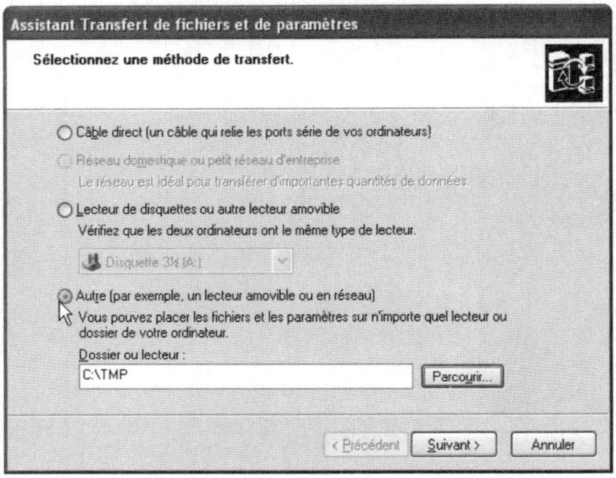

Figure 18.3 : Exemple de choix d'envoi des données à transférer dans un dossier du disque dur.

bouton d'autodétection pour que l'assistant vérifie que la connexion est bonne. S'il y a un problème, vous saurez tout de suite qu'il faut aller chercher un câble adéquat.

- **Réseau domestique ou de petite entreprise :** Cette option est souvent inaccessible, même lorsque les ordinateurs sont en réseau. Dans ce cas, choisissez l'option **Autre**. Vous pourrez alors accéder à votre voisinage réseau et choisir la machine cible.
- **Lecteur de disquette :** En fonction du volume de données que vous allez sélectionner, vous pouvez prévoir de une à dix disquettes vierges. (Si l'assistant trouve le même support amovible autre qu'une disquette sur les deux machines, il tentera de l'utiliser. Dans le cas contraire, vous utiliserez l'option **Autre** pour le trouver vous-même.)
- **Autre :** Si vous choisissez cette option, cliquez sur le bouton **Parcourir**, et accédez à **Poste de travail** ou à **Favoris réseau** pour trouver ou créer un dossier dans lequel vous allez stocker tous les fichiers et les paramètres.

4. **Sélectionnez les fichiers et les paramètres à transférer.**

   Comme le montre la Figure 18.4, l'assistant propose quatre combinaisons de sélection.

   - **Uniquement les paramètres :** L'assistant va analyser la méthode de transfert choisie puis présenter une liste adaptée de tous les paramètres dans la fenêtre de gauche.

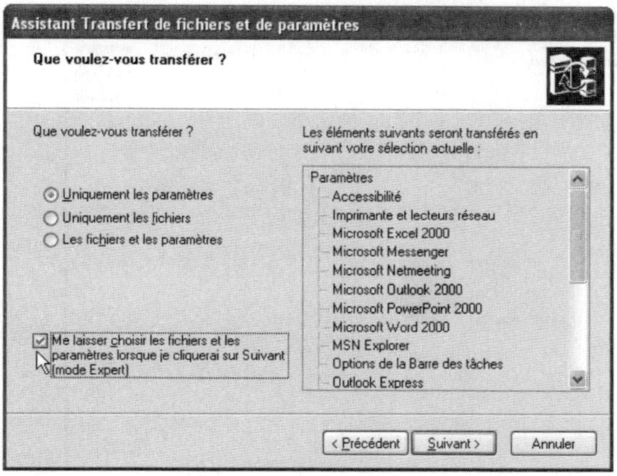

Figure 18.4 : L'étape de sélection des fichiers et/ou des paramètres à transférer.

Aucun fichier ne sera transféré, mais tous les paramètres des programmes détectés le seront.

- **Uniquement les fichiers :** Après avoir analysé votre méthode de transfert, l'assistant affiche une liste adaptée de tous les fichiers. Aucun paramètre ne sera transféré. (Si vous avez choisi le transfert par disquette, rien ne sera transféré.)
- **Les fichiers et les paramètres :** Dans ce cas, l'assistant présente une liste complète avec tous les dossiers, tous les fichiers et tous les paramètres des programmes. La liste sera plus ou moins longue selon la méthode de transfert choisie.
- **Me laisser choisir les fichiers... :** Voici la meilleure sélection, puisque vous allez pouvoir choisir exactement quels paramètres, quels dossiers et quels fichiers vous voulez transférer. Pour disposer de ce vaste choix, n'oubliez pas de cliquer dans le bouton radio **Les fichiers et les paramètres** avant de cliquer dans la case d'option **Me laisser choisir les fichiers...** (Figure 18.4).

Si vous avez choisi l'une des trois premières options, l'assistant lance immédiatement le transfert vers l'emplacement indiqué (Figure 18.5) et vous passez à l'étape 5.

Si vous avez choisi de personnaliser la sélection, l'assistant présente les fichiers, les dossiers et les paramètres en fonction de la méthode de transfert choisie. Si vous avez choisi des disquettes, vous ne verrez pas autant de choix qu'avec les options **Autre** ou **Réseau**. Le seul moyen de bien contrôler ce

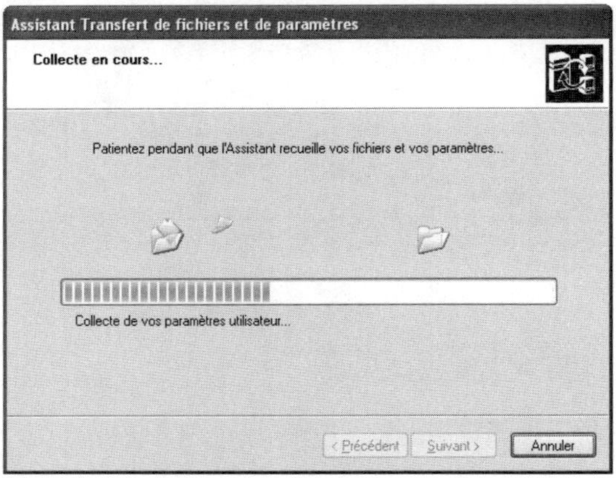

Figure 18.5 : Processus de transfert des données sur l'ancien ordinateur.

qui va être transféré consiste à choisir l'option personnalisée. N'utilisez pas de disquette sauf si vous avez uniquement quelques paramètres à transférer.

Si vous avez choisi la sélection personnalisée, vous voyez apparaître la fenêtre de la Figure 18.6. Vous pouvez y sélectionner avec précision les paramètres, les dossiers et les fichiers à transférer.

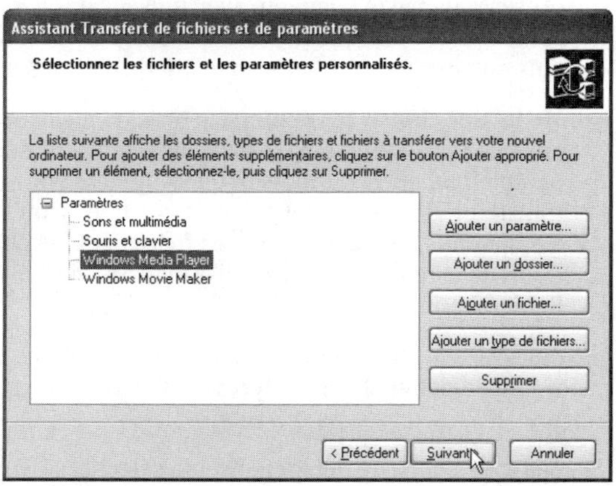

Figure 18.6 : L'écran de sélection des fichiers et paramètres à transférer.

- **Ajouter un paramètre/Ajouter un dossier :** Ces deux boutons ne servent qu'à ceux qui n'ont pas opté pour le transfert de tous les fichiers et paramètres dans l'étape 4. En utilisant n'importe lequel des deux boutons, vous revenez à la liste de l'étape 4 pour choisir les éléments.

- **Ajouter un fichier :** Cette commande permet de choisir un à un les fichiers à transférer.
- **Ajouter un type de fichier :** Cette commande, plus efficace que la précédente, permet d'ajouter tous les fichiers d'un certain type. Vous pouvez ainsi choisir tous les fichiers Word, tous les fichiers MP3 ou encore toutes les feuilles de calcul Excel.
- **Supprimer :** Sélectionnez un élément dans la liste et utilisez ce bouton pour l'enlever et donc ne pas le transférer.

TRUC

L'assistant ne propose le transfert des paramètres que pour les programmes qu'il a détectés. Si votre programme n'est pas présenté, vous ne pourrez pas l'ajouter à la section des paramètres.

Une fois que la liste présente bien vos choix, vous pouvez cliquer sur **Suivant**. L'assistant lance immédiatement la collecte des informations vers le dossier temporaire (Figure 18.5).

5. **Cliquez sur Terminer.**

La première phase du transfert est finie. Toutes les données sélectionnées sont rassemblées dans un dossier. Nous pouvons maintenant passer sur le nouvel ordinateur et récupérer les données pour les mettre en place aux bons endroits.

- Les données transférées et en attente de récupération sont placées dans un dossier appelé **USMT2.UNC**. Ce dossier contient un ou plusieurs fichiers très volumineux.
- Avant de récupérer les paramètres d'un programme, installez ce programme sur le nouvel ordinateur. S'il ne s'y trouve pas au moment où les paramètres sont mis en place, tous les efforts de rapatriement des paramètres ne servent à rien. Vous devrez relancer l'assistant de transfert après l'installation du programme.

Etape 2 : récupération des données à transférer

La partie la plus aride du transfert est la sélection des données sur l'ancienne machine et le choix de la méthode de transfert. A partir du moment où ces décisions sont prises, la suite est facile. Voici comment récupérer les données sur la nouvelle machine.

1. **Lancez l'Assistant Transfert de fichiers et de paramètres.**

   En fonction de votre tactique dans la première phase, l'assistant peut tout à fait être prêt à passer à la récupération. Dans ce cas, sautez directement à l'étape 4.

   Si l'assistant n'est pas encore lancé, insérez le CD original de Windows XP, choisissez **Effectuer des tâches complémentaires** dans le menu, puis sélectionnez **Transférer des fichiers et des paramètres**.

   Si vous n'avez pas de CD original de Windows XP, lancez l'assistant depuis le sous-menu **Accessoires**, **Outils système**.

2. **Choisissez l'option Nouvel ordinateur et cliquez sur Suivant.**

   Nous sommes dans la phase 2, rappelons-le. (La fenêtre est la même que celle de la Figure 18.2.)

3. **Cliquez dans le bouton radio Je n'ai pas besoin du disque de l'assistant..., puis sur Suivant.**

   Vous avez déjà récupéré vos fichiers. Vous pouvez donc cliquer dans la dernière option (Figure 18.7).

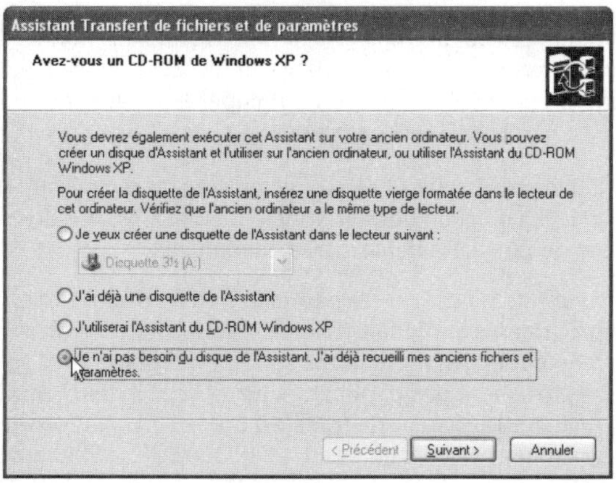

Figure 18.7 : Vous choisissez la dernière option puisque les fichiers sont prêts à être récupérés.

4. **Choisissez la méthode de collecte des données récupérées et cliquez sur Suivant.**

   Comme le montre la Figure 18.8, vous pouvez choisir entre un câble, un lecteur de disquette ou un autre support. Vous choisissez évidemment la provenance utilisée lors de la collecte des données sur l'ancien ordinateur.

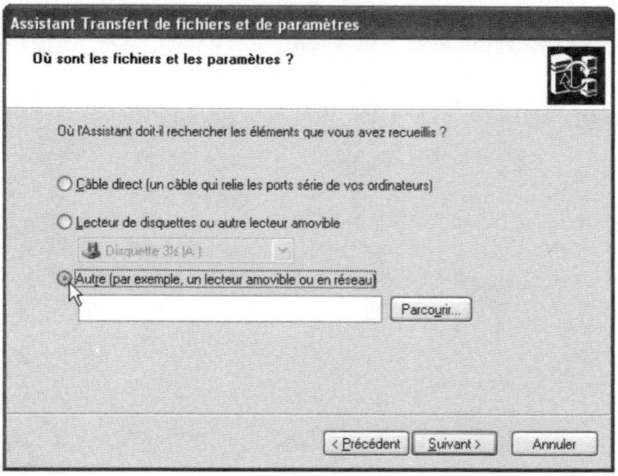

Figure 18.8 : Choix de l'emplacement de stockage des données à transférer.

Si l'assistant ne trouve pas vos données, rappelons qu'elles sont dans un dossier qui s'appelle **USMT2.UNC**. Si vous ne le trouvez pas, utilisez la fonction de recherche du menu **Démarrer**.

5. **Cliquez sur le bouton Terminer puis redémarrez l'ordinateur.**

   L'assistant va récupérer toutes les informations et les mettre en place aux bons endroits, dans les bons dossiers. Ce traitement peut durer de quelques minutes à quelques heures. Laissez à votre machine le temps de se refaire une beauté.

   Une fois que l'assistant a terminé (Figure 18.9), vous devez redémarrer la machine. Vous devriez retrouver de nombreuses habitudes en vigueur sur l'ancienne machine.

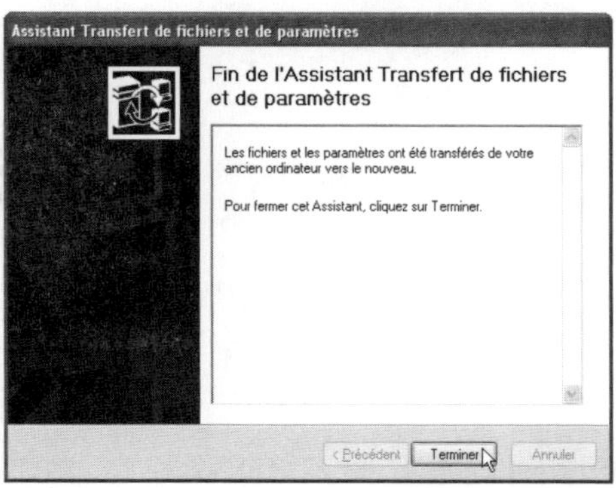

Figure 18.9 : Le dernier écran de l'assistant de transfert de fichiers et de paramètres.

Sixième partie

Dépannage logiciel

Dans cette partie...

Nous allons voir comment localiser les logiciels qui posent problème et empêchent la bonne exploitation d'un composant.

Chapitre 19

Dépannage de Windows XP

Dans ce chapitre :

- Les outils de dépannage.
- Obtenir de l'assistance à distance.
- Diagnostic réseau.
- Les informations détaillées de votre système.
- Problèmes de démarrage.
- Consultation des fichiers journaux.

Windows XP est livré avec des outils de dépannage dont nous allons découvrir le fonctionnement.

La boîte à outils de Windows XP

Windows XP étant un descendant de Windows 2000, il vous fait profiter des nombreux outils de dépannage et de réparation de ce dernier, et de quelques nouveautés.

Suivez cette procédure pour connaître les outils de dépannage :

1. **Dans le menu Démarrer, choisissez Aide et support.**
2. **Dans la section Choisissez une tâche, sélectionnez Utiliser les outils pour afficher les informations.**

TRUC

Lorsqu'une page d'aide affiche des informations bonnes à conserver, cliquez sur le bouton **Imprimer**.

Obtenir des informations

Nous allons voir ici les deux outils d'information les plus utiles du Poste de travail.

Afficher les informations système générales

Comme son nom l'indique, cet outil permet d'obtenir des informations globales : marque de l'ordinateur, modèle de processeur, version du système d'exploitation, quantité de mémoire et espace disque. Vous y trouverez également votre adresse IP et la version du BIOS, deux informations souvent demandées par les dépanneurs réseau et le support technique des fabricants.

Afficher le statut du matériel et des logiciels

TRUC

Si vous ne savez pas d'où provient votre problème, commencez toujours ici. Vous y verrez mentionnées toutes les applications trop anciennes. Vous y apprendrez si Windows supporte votre carte vidéo, votre carte réseau ou votre carte son. Vous y verrez le statut de votre contrôleur USB. Si l'outil montre qu'il y a un problème avec un composant, utilisez le bouton de dépannage associé pour aller plus loin dans les tests.

La restauration du système

La fonction Restauration du système est une première solution très efficace pour réparer n'importe quel problème de votre ordinateur.

Demande d'assistance à distance

L'outil d'assistance à distance permet à une autre personne, bien intentionnée et experte, de se connecter à votre machine, d'afficher votre écran sur le sien et d'utiliser sa souris et son clavier comme s'il était devant votre PC.

Voici comment utiliser cette fonction :

1. **Choisissez Aide et support dans le menu Démarrer et cliquez sur l'option Invitez un ami à se connecter à votre ordinateur.**
2. **Dans la page qui apparaît, cliquez sur l'option Inviter quelqu'un pour vous aider et choisissez la méthode.**

La Figure 19.1 montre l'écran de l'assistance à distance.

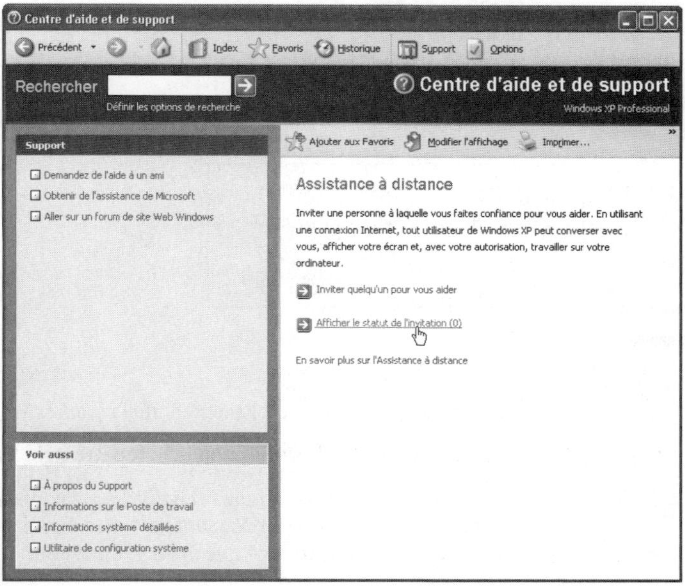

Figure 19.1 : La fonction d'assistance à distance permet de lancer une invitation et d'accepter une proposition d'aide.

Trois moyens vous sont offerts pour laisser un expert se connecter : par Windows Messenger, par la messagerie ou en stockant l'invitation sous forme d'un fichier. Les deux premières solutions sont les plus simples. Suivez les instructions d'envoi d'une invitation, sans oublier de définir un mot de passe que vous ne communiquerez qu'à l'ami qui va se connecter. Limitez également la validité de l'invitation dans le temps (il ne faut pas laisser votre ordinateur à la merci des envahisseurs).

Une fois cette invitation lancée, attendez que votre âme charitable reçoive l'invitation et lance la connexion. (Il est souvent utile de faire confirmer la demande d'invitation en téléphonant à la personne.)

N'OUBLIEZ PAS

Jetez un œil à l'option **Afficher le statut de l'invitation (x)** dans la Figure 19.1. Le chiffre entre parenthèses en fin de ligne permet de savoir combien d'invitations ont été lancées et sont en attente. Vous utiliserez toujours cette commande pour savoir où en sont vos invitations en cours.

3. **Lorsqu'il reçoit votre invitation, l'expert l'accepte et se connecte en utilisant le mot de passe.**

4. **Répondez par Oui pour lancer la session d'assistance à distance (Figure 19.2).**

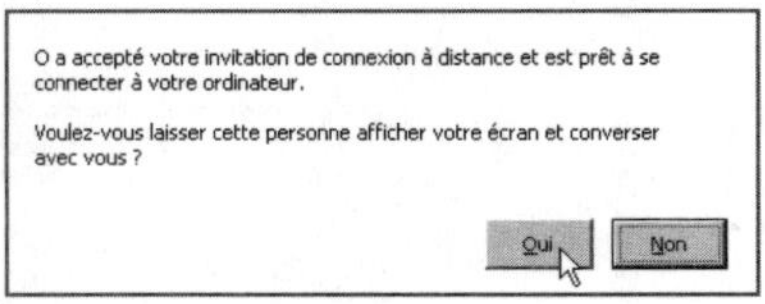

Figure 19.2 : Répondez par Oui pour permettre à l'expert d'accéder à votre écran.

Un message confirme l'établissement de la connexion.

5. **Laissez se dérouler la session dans la fenêtre principale.**

La fenêtre Assistance à distance (Figure 19.3) va être utilisée pendant toute la séance de dépannage. Votre écran apparaît sur l'écran de l'expert, et tout ce que vous y tapez aussi.

Figure 19.3 : Dès que vous acceptez, votre écran apparaît sur celui de votre expert, et vous pouvez échanger des messages écrits.

Vous pouvez discuter par saisie de messages ou en utilisant les microphones branchés sur les deux machines.

6. **Autorisez éventuellement l'expert à prendre le contrôle de la machine.**

   Si l'expert demande à prendre le contrôle de votre machine, répondez par l'affirmative. A partir de ce moment, il contrôle votre souris et votre clavier. Il peut ouvrir les menus et modifier les paramètres.

7. **Une fois que la session est achevée, utilisez le bouton Arrêter la prise de contrôle.**

   Durant ce contrôle ne touchez ni au clavier ni à la souris.

   Si vous êtes relié à Internet par une connexion modem et que le modem raccroche, appuyez sur Echap, supprimez l'invitation (étape 2) et créez-en une nouvelle.

   L'assistance à distance souffre de plusieurs limitations : vous ne pouvez vous en servir qu'entre deux machines sous Windows XP. Vous ne pouvez envoyer une invitation que via Windows Messenger ou Outlook Express (ou Outlook). Enfin, les deux ordinateurs doivent être connectés via Internet ou un réseau local. Enfin, il est préférable que les utilisateurs aient des droits d'accès Administrateur sur chaque machine.

   Si la fonction ne semble pas donner satisfaction, accédez à l'icône **Poste de travail**, choisissez **Propriétés** et cliquez dans l'onglet de la page **A distance**. Vérifiez que la case à cocher **Autoriser l'envoi d'invitations d'assistance...** est bien cochée. Cliquez également dans le bouton **Avancé** de la même page et vérifiez que l'option **Autoriser le contrôle à distance de cet ordinateur** est bien cochée.

Diagnostics du réseau

Si vous avez un problème sur le réseau de votre navigateur Internet ou de votre messagerie, lancez l'outil **Diagnostics du réseau**. Choisissez l'option **Analyser votre système**. (Les utilisateurs experts peuvent personnaliser les options d'analyse.) L'outil va tester toutes les connexions et collecter des informations détaillées qu'il présentera ensuite dans une fenêtre (Figure 19.4).

Pour simplifier la lecture, l'outil ajoute la mention **Réussi** en vert dans toutes les lignes des connexions qui ne posent pas problème. Pour

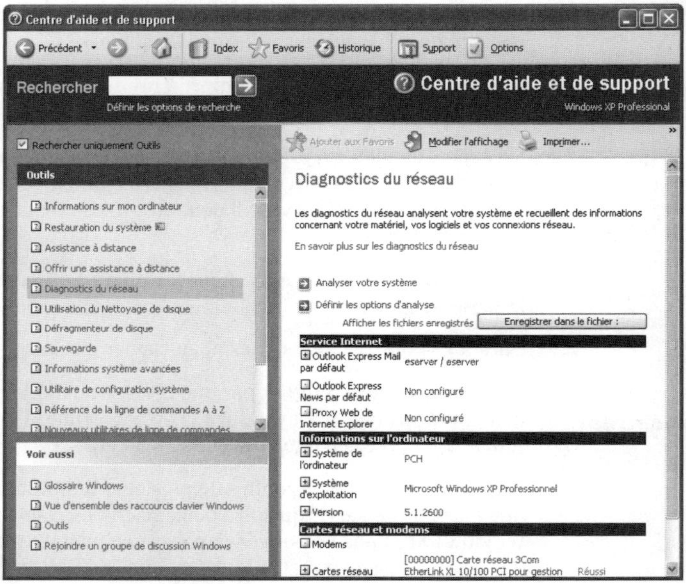

Figure 19.4 : L'outil Diagnostics du réseau collecte de nombreuses données concernant les connexions à Internet et au réseau local.

dépanner, il suffit donc de repérer les lignes des connexions qui ne comportent pas cette mention.

Pour aller dans les détails, utilisez les cases +. Si tout va bien, vous pouvez stocker le rapport d'analyse dans un fichier pour le comparer à une version ultérieure.

Nettoyage de disque

Cet outil est également disponible par la fenêtre **Propriétés** de **Poste de travail**. Il cherche tous les fichiers du disque dur sélectionné qui peuvent être supprimés.

Comme le montre la Figure 19.5, l'outil indique le volume disque occupé par le cache des données du navigateur, la corbeille (*Recycled*), les fichiers temporaires et autres données transitoires. Cochez les cases des catégories dont vous n'avez pas besoin. (Pour obtenir des détails, sélectionnez la ligne et utilisez le bouton **Visualiser les fichiers**).

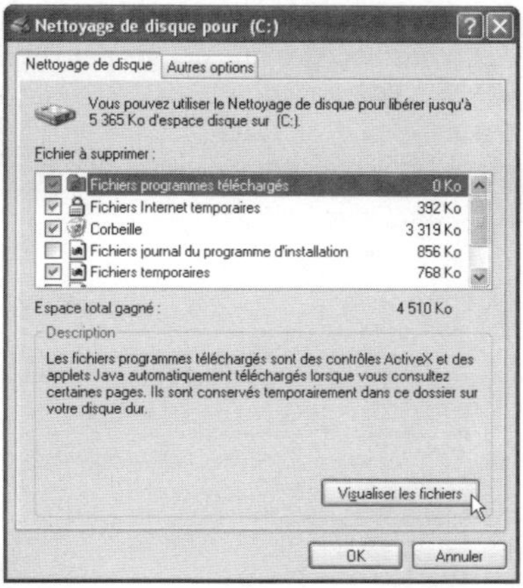

Figure 19.5 : L'outil Nettoyage de disque permet de récupérer de l'espace sur un disque dur en supprimant les fichiers temporaires.

Si cela ne suffit pas, accédez à la page **Autres options**, pour supprimer les composants Windows inutiles (en supprimant par exemple *MSN Explorer*, vous gagnez environ 12 Mo). Songez également à supprimer les programmes dont vous n'avez pas vraiment besoin. Vous pouvez aussi supprimer les points de restauration les plus anciens.

Dès que vous cliquez sur OK, l'outil supprime tout ce que vous avez sélectionné.

Défragmentation du disque

Comme nous l'avons décrit au Chapitre 8, le fait de créer, de supprimer et de modifier les fichiers provoque à terme une fragmentation du stockage sur le disque. Il en résulte une baisse des performances des accès disques. Le défragmenteur remet de l'ordre dans vos données.

Afficher les informations système avancées

La section des informations système avancées de **Aide et support** propose plusieurs outils, mais seul le premier, **Afficher les informations système avancées (Msinfo32.exe)**, est vraiment intéressant. En cliquant dans sa ligne, vous affichez la fenêtre *Informations système* qui donne de nombreux détails sur votre PC.

Lorsque vous lancez l'outil (Figure 19.6), il affiche les informations générales sur le matériel. Vous accédez aux détails par les signes + de chaque ligne.

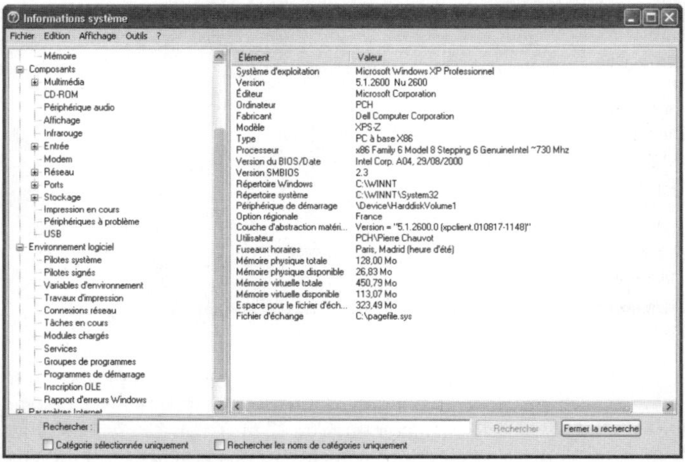

Figure 19.6 : Les informations système avancées sont proposées dans l'outil Informations système.

L'outil vous informe sur les éléments suivants : les ressources matérielles de la machine ; les composants réseau, les codeurs/décodeurs audio, les disques, les imprimantes, les contrôleurs USB, les modems ; les logiciels, y compris les pilotes, les tâches en cours d'exécution et le contenu du menu **Démarrer** de chaque utilisateur, sans oublier les paramètres Internet.

Modifications par l'outil de configuration système

L'utilitaire de configuration du système est une version enrichie de l'outil appelé MSCONFIG qui existait dans les versions antérieures de Windows. Il permet de contrôler les paramètres de démarrage de Windows XP.

Il suffit d'accéder à la page **Démarrage** pour désactiver par exemple les programmes un peu trop persistants qui ne cessent de se charger sans que vous l'ayez demandé dans la barre des tâches à côté de l'horloge.

Autres outils de dépannage

Ces autres outils n'appartiennent pas à la fenêtre **Aide et support**. Vous pouvez y accéder soit par le menu **Démarrer**, soit après les avoir installés depuis le CD original de Windows XP, soit en formant une combinaison de trois touches. Bien qu'ils ne soient pas accessibles de manière évidente, ils n'en restent pas moins utiles.

L'assistant Sauvegarde ou Restauration

Lorsqu'un PC tombe en panne, rien n'est plus réconfortant qu'une bande ou un CD de sauvegarde. Windows XP Professionnel propose un outil de sauvegarde (Figure 19.7).

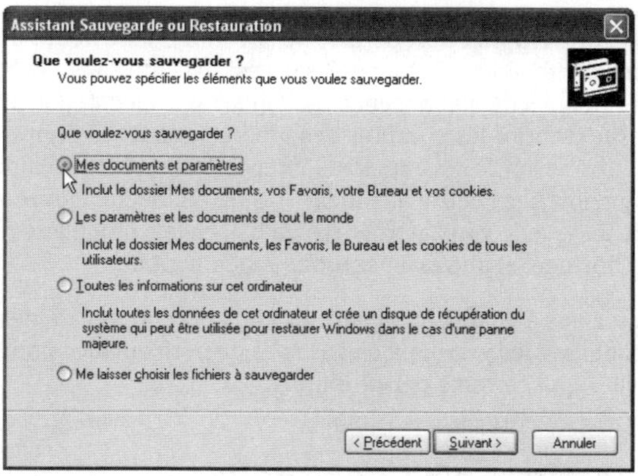

Figure 19.7 : Windows XP Professionnel est livré avec un outil de sauvegarde.

Pour utiliser cet outil, il faut disposer d'un support de stockage suffisamment spacieux. Une bonne solution consiste à utiliser un disque dur externe FireWire ou USB 2.0.

- Une fois que vous aurez installé l'outil de sauvegarde, vous pourrez y accéder depuis le menu **Démarrer**. Choisissez **Tous les programmes**, **Accessoires** puis **Outils système**.
- L'assistant vous guide pour réaliser une sauvegarde ou une restauration. Dans le cas d'une sauvegarde, vous indiquez l'endroit où doivent être envoyés les fichiers de sauvegarde. L'outil va y stocker les données sous forme compressée. Si toutes vos données se trouvent dans le dossier **Mes documents**, vous pouvez choisir la première option (Figure 19.7). L'outil va

sauvegarder tout ce que contient ce dossier ainsi que tous les paramètres du bureau.

Consultation des journaux dans la fenêtre Gestion de l'ordinateur

Consultez les journaux de Windows XP pour trouver la cause du problème. Vous y accédez via un clic-droit sur le **Poste de travail**. Dans le menu contextuel, choisissez **Gérer**. Vous faites apparaître la fenêtre *Gestion de l'ordinateur*. Dans le volet gauche, accédez aux détails de la catégorie **Observateur d'événements**. Vous verrez trois catégories de journaux : **Application**, **Sécurité** et **Système**. Accédez par exemple à la catégorie **Application** puis double-cliquez sur une des lignes.

La catégorie **Application** permet de savoir à quelle heure un programme a été démarré et arrêté, s'il s'est exécuté sans problème ainsi que les raisons de son absence de démarrage. La catégorie **Sécurité** concerne d'abord les comptes des utilisateurs. La catégorie **Système** vous informe sur les événements internes du système Windows XP. Vous y apprenez l'heure à laquelle il a été connecté à un réseau, l'heure à laquelle vous avez gravé un CD, celle à laquelle vous avez réglé l'horloge, et autres opérations fondamentales.

N'hésitez pas à laisser un expert les consulter. Il pourra même personnaliser les journaux d'alertes et de performances pour ne surveiller que certains périphériques.

Le gestionnaire des tâches

Dans Windows XP, la surveillance de la rentabilité de votre machine est beaucoup plus agréable grâce à des graphiques, des colonnes redimensionnables et de nombreuses options. Vous accédez très simplement à l'outil **Gestionnaire de tâches** de Windows XP : il suffit d'appuyer sur **Ctrl+Alt+Suppr**. La Figure 19.8 montre le taux d'utilisation de la puissance de traitement de l'unité centrale.

Pour observer un autre domaine de performances, il suffit de cliquer sur l'onglet correspondant. Voici les domaines disponibles :

Applications : Permet de connaître tous les programmes en cours d'exécution. Lorsqu'un programme est bloqué, cliquez-droit sur la ligne et choisissez **Fin de tâche**. Vous pouvez également amener le programme concerné au premier plan en utilisant la commande **Aller**

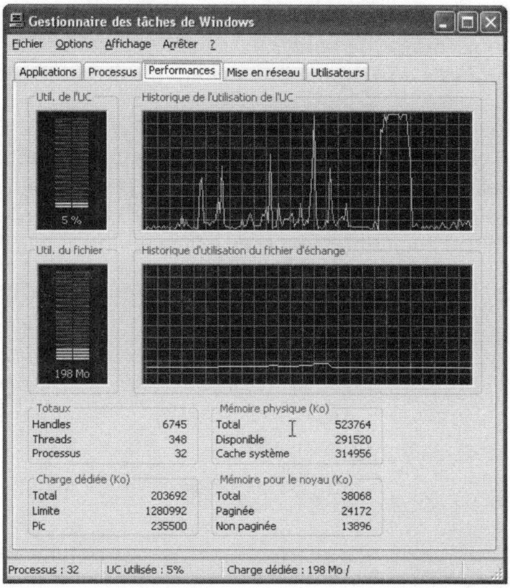

Figure 19.8 : La page Performances du Gestionnaire des tâches permet de connaître l'utilisation du processeur.

dans le processus du menu local ou bien le bouton **Basculer vers** sous la liste.

Processus : Présente tous les processus en cours d'exécution, vos applications et toutes les petites tâches dont a besoin Windows XP pour fonctionner. La liste est présentée par nom d'utilisateur, mais vous pouvez la trier selon un autre ordre en cliquant dans le libellé de colonne désiré. Si un programme semble surcharger votre processeur sans arrêt, nous vous conseillons d'utiliser un antivirus.

Si vous constatez un processus suspect dans la liste du Gestionnaire des tâches, utilisez l'outil Informations système vu plus haut et cherchez le processus par son nom. Il est possible que vous trouviez ainsi le nom de l'éditeur qui a conçu le programme (ainsi que la taille, le numéro de version et la date de création). Les fichiers liés au système Windows XP portent presque tous l'une des deux dates 29/08/2002 ou 28/08/2001.

Performances : Vous serez étonné de voir que vous n'utilisez pas toute la puissance de votre processeur. Jetez un œil au second graphique, *Historique d'utilisation du fichier d'échange*. La ligne devrait rester toujours à peu près horizontale. Si vous remarquez de grandes variations, c'est que votre quantité de mémoire physique est insuffisante.

Mise en réseau : Cette page permet à l'utilisateur d'un réseau de connaître le pourcentage de bande passante consommé par sa machine. Les pointes correspondent aux envois et aux réceptions de données.

Utilisateurs : Cette page n'apparaît que si le module **Compte d'utilisateurs** du Panneau de configuration a été ouvert pour modifier l'option **Bascule rapide d'utilisateur**. La page permet de connaître le nombre de personnes actuellement connectées à la machine.

Chapitre 20

Gérer les incompatibilités de Windows XP

Dans ce chapitre :

- Les causes des incompatibilités avec Windows XP.
- Quels programmes et matériels sont incompatibles.
- Correction d'un problème d'incompatibilité.
- Pour exécuter un ancien programme Windows.

La version XP de Windows est devenue très sélective : elle n'accepte sans problème que les composants et logiciels certifiés Windows XP. Dès qu'il détecte quelque chose qui n'est pas certifié, le système refuse de l'installer, ou accepte en rechignant. Parfois, il vous indique qu'il y a un problème d'incompatibilité. Dans d'autres situations, il ne vous dit rien, et c'est à vous de trouver ce qui cloche.

Quelques raisons à l'incompatibilité

Certains périphériques et certains composants internes de l'ordinateur ne fonctionnent plus lorsque vous passez à Windows XP. Cela tient au fait que leur pilote n'est pas compatible avec Windows XP. La seule solution consiste à chercher les pilotes compatibles et à les installer (Chapitre 16).

TRUC

La méthode la plus rapide consiste à visiter le site Web du fabricant de votre matériel pour y télécharger le pilote XP.

Voici quelques termes liés à l'incompatibilité :

Assistant Compatibilité des programmes : Cet outil Windows XP fait croire à un vieux programme qu'il s'exécute sur une version de Windows compatible.

OEM (Original Equipment Manufacturer) : Matériel ou logiciel conçu spécialement pour un fabricant, ou destiné à être intégré dans une machine montée par un revendeur informatique.

Windows 9x : Ce terme englobe Windows 95, Windows 98 et Windows Me. Le cœur du système de Windows XP diffère de celui de ces trois anciennes versions. C'est la principale cause d'incompatibilité entre XP et les autres.

Windows 2000 (W2K) : Version plus récente de Windows qui partage de nombreuses caractéristiques avec Windows XP. Ces deux systèmes sont compatibles.

Décodeur DVD : La première chose qui ne fonctionne plus lorsque vous mettez à jour vers Windows XP est votre lecteur de DVD. Pour regarder vos DVD sous XP, vous devez acheter un décodeur vidéo.

Encodeur MP3 : Microsoft n'aime vraiment pas le format MP3 et tente de le faire remplacer par son propre format WMA. Le but est évidemment d'en faire plus tard une affaire rentable. C'est pour cette raison que le Lecteur Média de Windows XP convertit d'office les fichiers des CD audio au format WMA. Si vous voulez sauvegarder les fichiers au format MP3, vous devez acheter un encodeur MP3.

Lecteur MP3 portable : Le logiciel Lecteur Windows Media n'est compatible qu'avec les lecteurs MP3 qui supportent le standard WMA.

Bilan de compatibilité

Windows XP peut vous éclairer sur les éventuelles incompatibilités. Voici comment procéder :

1. **Insérez le CD original de Windows XP dans le lecteur de CD-ROM.**

2. **Dans le menu principal du CD, choisissez Vérifier la compatibilité du système.**

   C'est le dernier choix du menu (Figure 20.1).

3. **Optez pour Vérifier mon système automatiquement.**

4. **Acceptez le téléchargement des fichiers d'installation mise à jour.**

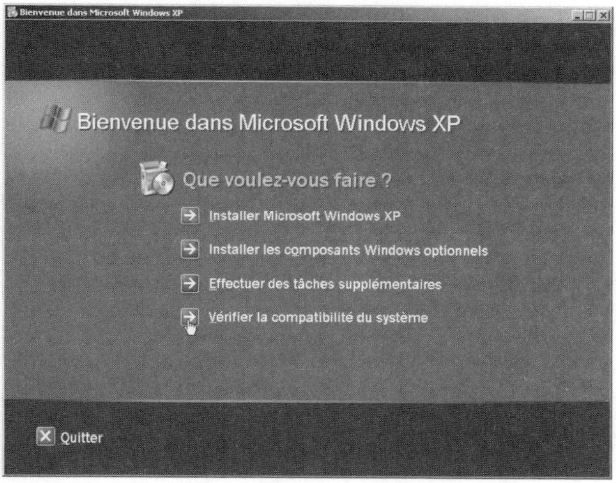

Figure 20.1 : Le menu principal du CD de Windows XP permet de lancer une vérification de compatibilité.

Cette commande demande au programme d'aller visiter le site Web de Microsoft pour récupérer les informations de compatibilité les plus récentes. Ensuite, l'outil analyse votre machine pour générer un fichier **Upgrade** dans le dossier **Windows** du disque système.

5. **Consultez ce rapport puis utilisez le bouton d'accès aux détails.**

   La fenêtre montre les éléments qui posent problème à Windows XP. S'il n'y a aucun problème de compatibilité, la fenêtre est vide.

6. **Cliquez si nécessaire sur le bouton d'accès aux détails.**

   Sous la liste, vous disposez d'un bouton qui permet d'en savoir plus sur chaque problème d'incompatibilité. Vous y apprendrez également ce que Windows XP peut faire pour résoudre la situation.

- En faisant un test de compatibilité avant d'installer Windows XP, vous connaissez d'avance les éventuels problèmes. Souvent il suffira de télécharger les nouveaux pilotes. Parfois vous devrez changer un périphérique.

Vos programmes compatibles comme par magie

Certains programmes conçus pour des versions antérieures de Windows (comme Windows 98) ne fonctionnent plus très bien sous Windows XP.

L'assistant Compatibilité des programmes peut résoudre ce problème en créant une couche intermédiaire permettant de faire croire aux programmes qu'ils sont utilisés avec Windows 98. Procédez comme suit :

1. **Dans le menu Démarrer, cliquez sur Tous les programmes puis sur Accessoires.**

2. **Choisissez Assistant compatibilité des programmes puis cliquez sur Suivant.**

   Vous voyez apparaître la fenêtre principale de cet assistant (Figure 20.2).

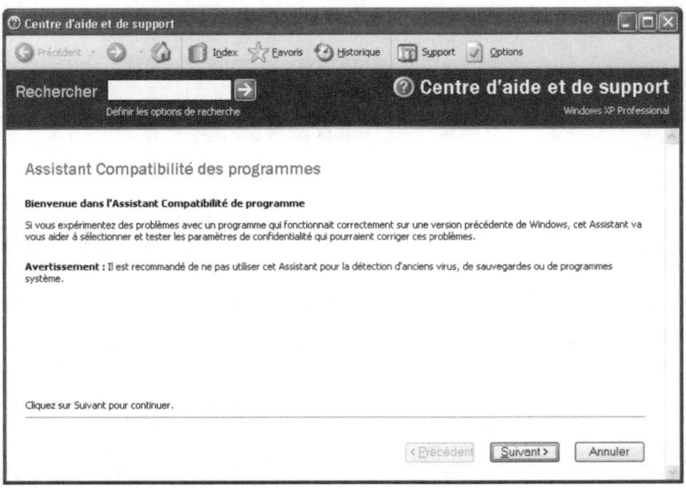

Figure 20.2 : La page d'accueil du programme Assistant compatibilité des programmes.

3. **Choisissez une méthode pour localiser le programme et cliquez sur Suivant.**

   Vous disposez de trois possibilités (Figure 20.3) :

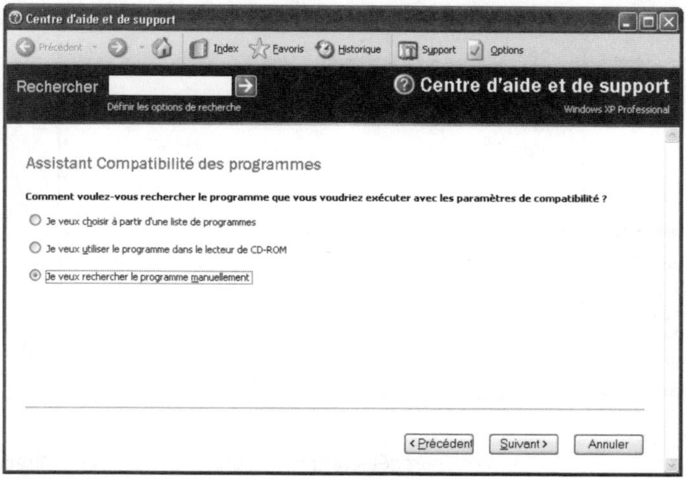

Figure 20.3 : Vous pouvez choisir la première option, sauf si le programme se trouve sur un CD ou si cette option ne donne pas de résultat.

- **Je veux choisir à partir d'une liste de programmes.**

  Vous choisirez cette option pour tous les programmes qui sont installés sur le disque dur. Windows XP va les trouver, les présenter dans une liste et vous laisser choisir celui à paramétrer.

- **Je veux utiliser le programme dans le lecteur de CD.**

  Cette option est destinée notamment aux programmes de jeux qui doivent être exécutés directement depuis le CD.

- **Je veux rechercher le programme manuellement.**

  Vous choisirez cette option si les deux autres ne sont pas applicables. Utilisez le bouton **Parcourir** pour trouver le programme à faire tester.

4. **Une fois le programme sélectionné, cliquez sur Suivant.**

   Lorsque l'assistant présente la liste des programmes trouvés. Il ne reste plus qu'à cliquer sur la ligne de celui qui vous intéresse.

   Le nom du fichier à sélectionner correspond normalement au nom du fichier exécutable (à extension .EXE). Vous devrez peut-être faire des essais. Dans le cas d'un programme sur CD, vous pouvez essayer de sélectionner celui appelé **Setup** ou **Install** (Figure 20.4).

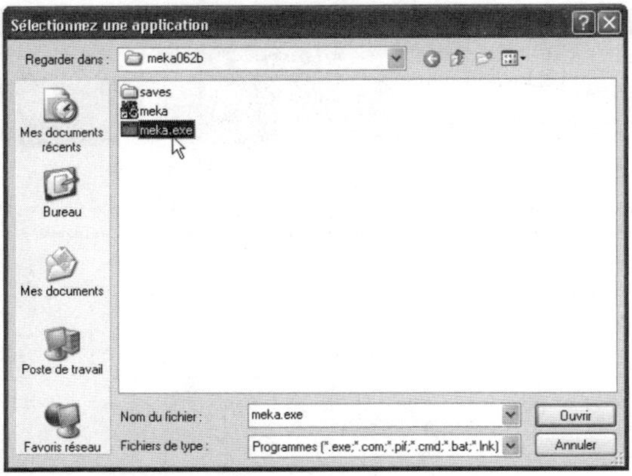

Figure 20.4 : Sélectionnez le nom du fichier à tester.

Si vous avez sélectionné le programme manuellement à l'étape 3, l'assistant indique le chemin d'accès au programme, ce qui vous permet d'en changer si besoin. Cliquez ensuite sur **Suivant**.

5. **Sélectionnez la version de Windows la plus adaptée à votre programme, puis cliquez sur Suivant.**

   Choisissez la version de Windows appropriée à votre programme (Figure 20.5).

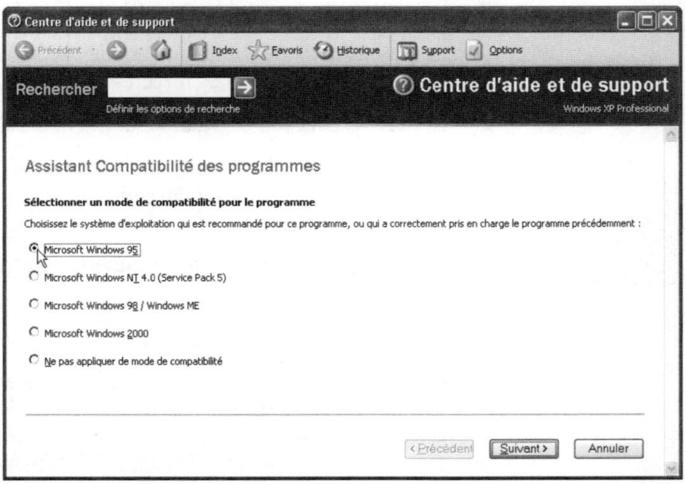

Figure 20.5 : Choix de la version de Windows compatible avec le programme.

Dans l'exemple, j'ai choisi Windows 95 parce qu'il permet de faire exécuter tous les programmes sous DOS.

6. **Sélectionnez les paramètres appropriés au programme et cliquez sur Suivant.**

   La Figure 20.6 montre que vous pouvez limiter le nombre de couleurs et la résolution écran. Vous pouvez aussi désactiver les thèmes de Windows XP.

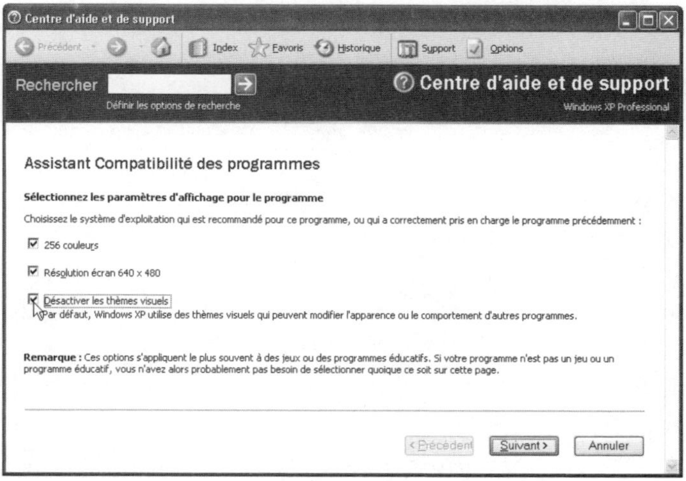

Figure 20.6 : Choisissez les contraintes du programme.

Lorsque le programme est assez ancien, mieux vaut cocher les trois cases.

7. **Passez au test de compatibilité du programme.**

Si le programme se bloque, utilisez la combinaison de touches Ctrl+Alt+Suppr pour revenir à Windows. Cliquez-droit sur l'icône du programme (Barre des tâches), et choisissez la commande **Quitter**.

Si le programme fonctionne bien, vous avez fini. Choisissez la réponse **Oui, installer ce programme...** et cliquez sur **Suivant**. Le système va se souvenir de ces paramètres à chaque lancement du même programme.

Si le test n'a pas été concluant, répondez par **Non, essayer d'autres paramètres...** et recommencez.

Vous pouvez aussi abandonner avec la réponse **Non, j'ai fini de tester...** et rechercher de l'aide sur Internet, comme indiqué au Chapitre 22.

Chapitre 21

Réparation des dégâts causés par les virus

Dans ce chapitre :

- Pour se prémunir contre les virus.
- Maintien à jour d'un logiciel antivirus.
- Réparation des dégâts.

Tous les problèmes que peut rencontrer votre ordinateur ne sont pas à mettre sur le compte des logiciels ou des erreurs de manipulation. Ce chapitre montre comment détecter une infection, et comment désinfecter la machine et réparer les dégâts causés par le virus. Mais, avant toute chose, suivez cet adage : "Il vaut mieux prévenir que guérir."

Pour se prémunir contre les virus

Pour l'essentiel, un virus est un petit programme conçu pour se reproduire et s'immiscer dans un fichier plus gros, en général sans l'avis du propriétaire du fichier. De nombreux virus n'ont qu'un effet de gêne ; d'autres sont de véritables destructeurs qui effacent tous les fichiers et détruisent votre machine.

Le meilleur moyen d'empêcher un virus d'infecter votre machine consiste à l'arrêter avant qu'il n'y entre.

Installez et utilisez un antivirus

Un antivirus surveille en permanence la machine pour détecter les virus éventuels afin de les détruire ou de les désactiver avant qu'ils n'agissent. Windows n'est pas fourni en standard avec un antivirus, mais la plupart des ordinateurs en sont dotés dès le départ. Si ce n'est pas votre cas, courez en acheter un.

Un logiciel antivirus devient vite obsolète. Pour qu'il reste efficace, vous devez lui communiquer fréquemment les correctifs disponibles, et surtout télécharger les fichiers de définitions de virus comme indiqué plus haut. Sans ces mises à jour, le logiciel antivirus ne peut détecter que les anciens virus qui ne sont presque plus en circulation. Les virus les plus dangereux sont ceux qui viennent d'apparaître.

Certains antivirus disposent d'une fonction de mise à jour automatique. Elle se connecte automatiquement au site Web de l'éditeur, et télécharge les nouvelles définitions de virus. Activez cette fonction !

Activez la fonction d'analyse automatique périodique de la machine, soit une fois par semaine, soit à chaque connexion à Internet.

Le Tableau 21.1 présente les références de quelques éditeurs de logiciels antivirus parmi les plus connus.

Tableau 21.1 : Logiciels antivirus répandus.

Editeur	Produit	Site Web
H+BEDV	Antivir	`www.antivir.de` ou `www.hbedv.com` (site anglais)
F-Secure	F-Secure Anti-Virus	`www.datafellows.com` ou `www.f-secure.fr/france/`
McAfee.com Corp.	VirusScanOnline	`http://fr.mcafee.com/`
Symantec	Norton Antivirus	`www.symantec.fr`
Trend Micro, Inc.	PC-cillin	`http://fr.trendmicro-europe.com/`

Attention aux pièces jointes des messages !

Une "pièce jointe" (*attachment*) est un fichier associé à un message électronique. Ce fichier est d'autant plus dangereux s'il s'agit d'un exécutable.

Tout pièce jointe dont vous ne connaissez pas l'origine doit être contrôlée par l'antivirus. En cas de gros doute, n'ouvrez pas cette pièce et effacez immédiatement le message.

Si un ami vous envoie un message avec une pièce jointe que vous n'aviez pas demandée, ne l'ouvrez pas tout de suite. Ne répondez pas non plus au message. Envoyez un message à l'expéditeur en lui demandant ce que contient la pièce jointe qu'il vous envoie de sa propre initiative. Attendez qu'il vous fournisse des explications avant d'ouvrir son premier message.

- De nos jours, la plupart des virus se propagent en tant que pièces jointes des messages électroniques.
- Lorsqu'un virus se propage par le carnet d'adresses d'une personne, il le fait à son insu. Le propriétaire de la machine ne sait pas qu'il inonde toutes ses relations avec un virus. Le virus se propage tranquillement, difficile à détecter.
- N'ouvrez jamais sans réfléchir les pièces jointes de messagerie dont le nom de fichier se termine par .EXE, .VBS ou .COM. Mais sachez qu'il y a des dizaines d'autres types de fichiers qui peuvent contenir un virus.
- Si quelqu'un vous envoie un message en prétendant que vous lui avez transmis un virus, débranchez immédiatement votre modem ou éteignez-le. Si vous êtes en réseau local, débranchez le câble réseau. Vous empêchez ainsi le virus de se propager à travers votre machine. Une fois débranché du monde extérieur, lancez votre antivirus pour désinfecter votre machine.

Analysez les logiciels avant de les lancer

Certains pirates créent des programmes attrayants, y injectent un virus et mettent le programme à disposition sur Internet. Dès qu'une personne télécharge le programme et le lance, elle infecte sa machine.

Pour cette raison, évitez les groupes de discussion, les sites de logiciels piratés et les sites qui n'effectuent pas une analyse antivirus des programmes qu'ils proposent. Dans tous les cas, passez à l'antivirus les programmes téléchargés avant de les installer et de les exécuter.

Activez votre pare-feu

Le *pare-feu* est un mécanisme logiciel ou matériel qui surveille les données en provenance d'Internet. Windows XP est doté d'un pare-feu minimal qui empêche les personnes malintentionnées de se connecter à votre machine en utilisant une connexion non sécurisée ou en profitant d'une porte arrière.

Nous avons vu au Chapitre 15 comment activer le pare-feu de Windows XP. Si vous désirez une meilleure sécurité, mieux vaut utiliser un logiciel pare-feu spécifique qui protège la liaison Internet dans les deux sens. Vous évitez ainsi à des éventuels logiciels espions et à des virus déjà présents sur votre machine d'aller se connecter sur Internet.

La société américaine Zone Labs (`www.zonelabs.com`) offre une version gratuite de son célèbre pare-feu ZoneAlarm. Vous pouvez acheter la version professionnelle qui offre plus de fonctions. Dès que quelqu'un depuis Internet analyse votre machine à la recherche d'un point d'entrée non sécurisé, vous pouvez connaître son adresse ou celle de son fournisseur d'accès en utilisant le journal généré par le pare-feu.

La version Pro de ZoneAlarm sait également analyser la boîte de réception de votre messagerie et détecter les pièces jointes suspectes en les désactivant avant même que vous y ayez accès.

Réparation des dégâts

Pour réparer les dégâts causés par un virus :

1. **Commencez par écrire sur un papier le nom exact du virus.**

   Vous obtenez cette information dans les écrans de votre logiciel antivirus.

2. **Localisez le ou les fichiers infectés.**

   La plupart des antivirus indiquent quels sont les fichiers infectés. Certains donnent également les noms des programmes endommagés, s'ils parviennent à les localiser. Imprimez la liste car vous en aurez besoin.

3. **Allez rendre visite au site Web de l'éditeur de l'antivirus.**

   Les éditeurs d'antivirus proposent des outils spéciaux pour réparer automatiquement les dégâts causés par la plupart des virus. Si vous trouvez l'outil approprié au virus qui vous concerne, téléchargez le programme, exécutez-le et vos données seront réparées.

4. **Essayez de savoir quel programme gérait les fichiers endommagés.**

   Cette étape est parfois difficile. Le logiciel antivirus n'indique pas toujours le nom du programme qui correspond aux fichiers endommagés. Dans ce cas, vous devez trouver vous-même qu'elle est l'application correspondante.

5. **Réinstallez le programme concerné.**

Chapitre 22

Trouver de l'aide en ligne

Dans ce chapitre :

- Le jargon de la recherche sur Internet.
- Trouver des réponses dans les groupes de discussion.
- Astuces pour une recherche efficace.
- Les sites Web de support technique des fabricants.

Certains problèmes ne peuvent pas être résolus à la lecture d'un livre. Personne ne peut posséder la solution à tous les problèmes possibles. Il est utile dans ce cas de savoir comment trouver de l'aide en accédant directement aux informations éventuellement publiées par une des personnes ayant rencontré le même genre de problème que vous.

Ce chapitre explique comment utiliser les outils permettant de trouver des solutions parmi les milliards de pages des sites Web Internet.

Le jargon de la recherche sur Internet

Parmi la quantité d'informations disponibles sur Internet, voici les termes qui peuvent vous être utiles lorsque vous utilisez Internet comme outil de dépannage :

Moteur de recherche : Logiciel disponible en ligne permettant de trouver des adresses de pages Web en fonction de critères. Internet est une sorte de livre géant dont toutes les pages sont détachées. Un moteur de recherche permet de retrouver les pages qui vous intéressent. Il se fonde en général sur un robot logiciel qui visite périodiquement toutes les pages et les traite pour produire un gigantesque index de tous les mots que ces pages contiennent. En indiquant un mot dans la zone de saisie du moteur de recherche, vous obtenez en réponse les adresses de toutes les pages contenant le mot.

Groupes de discussion (newsgroups) : Sites sur Internet sur lesquels des personnes échangent des messages écrits par rapport à un domaine d'intérêt. Les groupes de discussion existent depuis le début d'Internet. Il en existe plus de 50 000. Comme les groupes de discussion supposent d'utiliser un ordinateur, vous en trouverez beaucoup qui se consacrent à la recherche de solutions aux problèmes informatiques.

Base de connaissances Microsoft (Knowledge Base) : Il s'agit de la base de données du support technique de Microsoft (`http://support.microsoft.com`). Elle présente les problèmes connus avec des solutions.

Solution de contournement (workaround) : Solution permettant de résoudre partiellement ou temporairement un problème en réduisant ses effets. Parfois, certains problèmes ne peuvent être réparés totalement. En utilisant cette solution de contournement, vous pouvez rendre le problème supportable. La base de connaissances de Microsoft présente souvent des solutions de ce genre.

FAQ (Foire Aux Questions ou **Frequently Asked Questions) :** Liste des questions les plus fréquemment posées avec leurs réponses. En effet, la plupart des gens posent toujours les mêmes questions lorsqu'ils font face pour la première fois à un nouveau problème. Les personnes des services de support technique ont vite constaté qu'ils pouvaient réduire le nombre d'appels en demandant aux gens de consulter d'abord la liste FAQ.

Recherche d'aide par un moteur de recherche

S'il fallait ne retenir qu'un moteur de recherche ce serait Google. Il présente quatre catégories d'informations : les sites Web, les Images, les Groupes (de discussion) et le Répertoire. Pour de l'aide technique, les deux catégories les plus intéressantes sont Web et Groupes. Nous allons les voir dans les sections suivantes.

Recherche efficace avec Google

Connectez-vous à Google sur `www.google.fr`. Ce moteur permet de trouver rapidement presque tous les sites Web ainsi que tous ceux qui s'intéressent à un problème informatique précis (Figure 22.1).

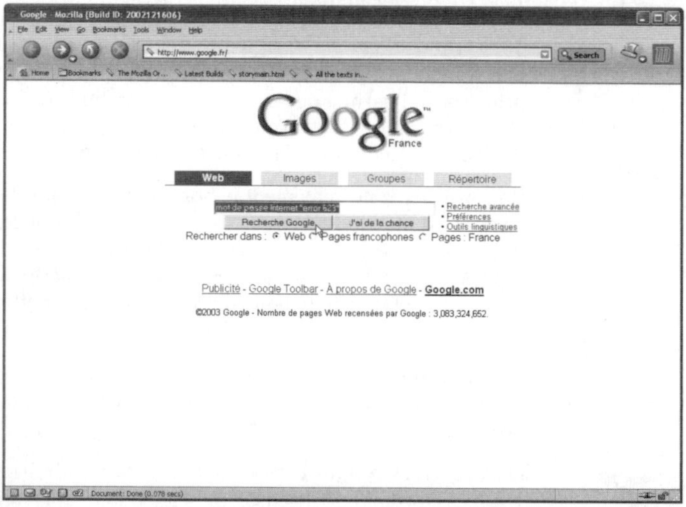

Figure 22.1 : La page d'accueil du moteur de recherche Google avec quelques critères de recherche saisis.

TRUC

Google conserve plus de 20 ans d'historique des échanges dans les groupes de discussion. C'est un véritable trésor pour le dépanneur.

Comme tous les moteurs de recherche, Google permet de rechercher des mots, des phrases ou des expressions. Il faut décider quand lui faire chercher des mots et quand lui faire chercher des phrases ou des expressions.

Mots isolés : Vous rechercherez des mots séparés les uns des autres lorsque l'endroit où ces mots apparaissent dans les pages n'a pas d'importance. Si vous avez un problème de mot de passe pour vous connecter à Internet, vous pouvez saisir :

```
problème Internet connexion
```

Phrases ou expressions : Vous rechercherez des phrases lorsque vous voudrez n'avoir en réponse que les pages qui contiennent la phrase telle qu'elle est spécifiée. Si votre problème concerne un message qui s'écrit *Error 623*, vous saisirez dans le champ adéquat :

```
Internet "error 623"
```

TRUC

Avec une bonne combinaison de mots et d'expressions, vous permettez à Google d'afficher des résultats très efficaces.

Maintenant que vous savez comment bien saisir vos critères de recherche, voyons les différents boutons de l'écran Google :

- Sous la zone de saisie, Google propose deux boutons : **Recherche Google** et **J'ai de la chance**. Le premier est le bouton principal qui permet de lancer une recherche et qui fait s'afficher les premiers sites Web correspondants. Le second bouton équivaut à sélectionner la réponse affichée en premier.
- Vous utiliserez normalement le bouton **Rechercher Google**. Le second est utile lorsque vous savez par avance que le site Web qui sera affiché correspond à ce que vous cherchez. Si vous saisissez par exemple **efirst** puis cliquez sur **J'ai de la chance**, vous arrivez immédiatement sur le site Web de l'éditeur français de ce livre.
- Si vous cliquez sur l'onglet **Images** avant de cliquer sur **Recherche Google**, vous limitez la recherche aux documents graphiques tels que des fichiers .JPG ou .GIF.

  TRUC

  La catégorie **Groupes** permet de limiter la recherche aux groupes (forums) de discussion. Beaucoup d'utilisateurs posent leurs questions d'informatique dans ces groupes de discussion, et d'autres viennent y répondre.
- La dernière catégorie, **Répertoire**, est la moins intéressante. Elle fournit une liste triée, un peu dans le genre des pages jaunes. La catégorie principale, **Web**, est tout aussi pratique.

Pour une recherche efficace avec Google

Voici quelques conseils pour limiter et cibler les résultats de Google :

- **Commencez par chercher dans les forums de discussion.** Les forums contiennent souvent les questions des débutants avec de nombreuses réponses.
- **Elargissez la recherche jusqu'au Web.** Il existe de nombreux sites de support technique en français.
- **Cherchez spécifiquement votre message d'erreur.** Vous trouverez facilement une réponse à votre problème en indiquant exactement le message d'erreur entre guillemets.

- **Commencez par une recherche très restrictive, puis élargissez.** Si vous saisissez un message d'erreur du style **"Erreur d'application netdde.exe"**, vous risquez d'obtenir trop ou trop peu de résultats. S'il y en a trop, ajoutez un autre terme au message. S'il n'y en a pas assez, enlevez les guillemets et relancez la recherche.
- **N'abusez pas des guillemets.** Ce que vous indiquez entre guillemets sera recherché tel quel. Limitez donc les guillemets à des expressions très courtes ou à des messages d'erreur.
- **Indiquez la version de Windows dans votre recherche.** Le simple fait d'ajouter le mot **XP** dans votre recherche limite le nombre de pages renvoyées à celles concernant Windows XP.
- **Recherchez le mot FAQ.** En ajoutant ce terme avec votre expression de recherche, vous pouvez tomber sur un site qui propose une liste des questions les plus fréquentes correspondant à votre problème.
- **Triez vos résultats par date.** Lorsque Google présente les résultats d'une recherche sur un forum de discussion, il les trie par ordre de pertinence décroissante. Au moyen de la commande **Trier par date** du haut de l'écran à droite, Google trie de nouveau les résultats en ordre de dates décroissantes. Cela vous permet de reléguer tout au fond de la liste des résultats les plus anciennes contributions et d'avoir donc les plus récentes en début de liste.

Visiter les sites Web de support des fabricants

Les supports techniques téléphoniques coûtent fort cher. Je vous conseille donc de visiter leurs sites Web et de vous connecter à la page **Support**.

La base de connaissances Microsoft

Le site Web de la base de connaissances de Microsoft (`http://support.microsoft.com`) réunit une liste indexée et mise à jour sans arrêt de plus de 250 000 articles rédigés par le support technique de Microsoft (Figure 22.2). Tous ne sont pas traduits en français.

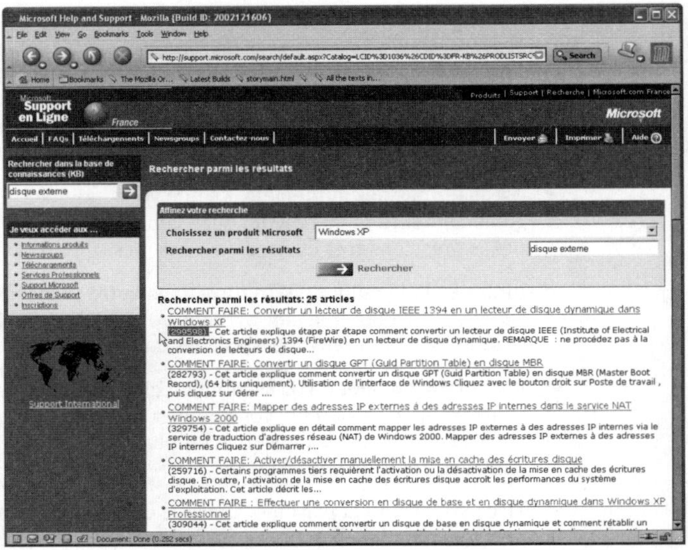

Figure 22.2 : Une recherche effectuée dans la base de connaissances Microsoft.

Pour peaufiner votre recherche, sélectionnez la version du système d'exploitation (voir Figure 22.2). Vous recevrez ainsi uniquement les réponses relatives à cette version.

Observez les chiffres placés entre parenthèses à la fin du titre de chaque article (par exemple 299598). Dans la version en langue anglaise de la base de connaissances (*Knowledge Base*), ces références correspondent aux numéros commençant par **Q**. En français, la lettre **Q** est remplacée par un **F** pour indiquer qu'il s'agit d'une traduction de la réponse technique.

Sites Web avec recherche du numéro de série

Si vous avez perdu les manuels et la facture, vous pouvez aller visiter le site Web du fabricant afin de retrouver la liste complète de la configuration d'origine, des informations de support technique, la date d'expiration de votre garantie, des téléchargements de pilotes et des conseils pour la mise à niveau.

Autres sites de support technique

Pour certaines personnes, les ordinateurs sont bien plus qu'un outil : une passion. Ces utilisateurs fréquentent assidûment les sites que nous mentionnons dans cette section.

Sites Web pour les anciens matériels

Certains produits de haute qualité ont disparu en quelques années : parfois parce que le fabricant lui-même a disparu, mais le plus souvent parce que ce dernier n'assure plus le suivi de la gamme de produits concernée. Pourtant, les propriétaires de ces anciens produits en sont toujours satisfaits et ne voient aucune raison d'en changer.

Tableau 22.1 : Fabricants offrant des pilotes pour les anciens composants.

Fabricant	Adresse
ATI Technologies, Inc.	`www.ati.com/fr/index.html`
Compaq/HP	`www.hp.com/country/fr/fre/welcome.html`
Gateway	`fr.gateway.com`
Hitachi	`www.hitachi.com`
IBM	`www.ibm.com/fr/`
Intel Corporation	`www.intel.com/francais/`

- Certains produits font l'objet d'un véritable culte et réunissent tout un groupe de fervents utilisateurs qui se portent assistance mutuellement.
- Lorsque vous recherchez du support technique pour un ancien produit, utilisez aussi la catégorie **Groupes** de Google pour chercher dans les forums de discussion. Triez les réponses par date pour avoir une idée de l'intérêt que continuent à porter les utilisateurs à votre produit.

Septième partie

Les dix commandements

"Cela ne se voit pas, mais il défragmente sans faute son disque dur tous les soirs."

Dans cette partie...

Partie traditionnelle des "Nuls", ses chapitres ne comportent pas forcément dix commandements. Ils offrent néanmoins de bonnes informations.

Chapitre 23

A peu près dix trucs simples à essayer d'abord

Dans ce chapitre :

- Vérifier que la machine est bien branchée.
- Eteindre, enlever la disquette et redémarrer.
- Se servir de System Restore.
- Défragmenter le disque dur.

Avant de dépenser tout votre argent dans les magasins, essayez les conseils qui suivent.

Branchez-le !

Ce n'est pas une blague ! Vérifiez le cordon d'alimentation secteur des deux côtés : côté prise dans le mur et côté PC. Si vous avez un onduleur ou un parasurtenseur, vérifiez-le !

Eteignez, attendez 30 secondes et rallumez

Avant d'aller plus loin, quittez le programme qui pose problème et relancez-le. Si rien n'y fait, fermez la session Windows et rouvrez-la. Sinon, quittez Windows, éteignez et attendez 30 secondes avant de redémarrer.

Parfois, la machine se perd sans raison. Essayez de frapper la barre **Espace** plusieurs fois. Frappez la touche **Echap** ou la combinaison **Ctrl** + **Echap**. Je me souviens d'un portable qui réagissait à la frappe d'une flèche du curseur.

N'essayez pas de démarrer depuis la disquette !

Vous avez peut-être déjà vu s'afficher ce genre de message au démarrage :

```
Non-System disk or disk error
Replace and press any key when ready
```

Avant de songer à une destruction de la partition système sur le disque dur, vérifiez que vous n'avez pas laissé une disquette de données dans le lecteur A:.

Enlevez la disquette et obéissez au message : frappez n'importe quelle touche pour redémarrer (par exemple, la barre Espace).

Restauration système

Windows Me et Windows XP sont dotés d'une fonction magique pour remettre le système en pleine forme : la *restauration système*. Cet outil permet de replacer l'ordinateur dans un état antérieur satisfaisant.

Nous avons présenté cet outil dans le Chapitre 19.

Changez l'alimentation

Lorsque le PC refuse d'émettre le moindre bruit au démarrage, c'est que l'alimentation est en panne. Procédez à son remplacement.

Vérification des erreurs et défragmentation

Dès que Windows montre des signes d'essoufflement, lancez les outils de contrôle des disques durs. Dans Poste de travail, choisissez Propriétés en cliquant-droit sur l'icône du disque à tester. Affichez la page Outils.

Cliquez sur le bouton **Vérifier maintenant**. Cela affiche la fenêtre de l'outil ScanDisk qui va vérifier la surface magnétique du disque concerné. Laissez les options telles quelles et cliquez sur **Démarrer**. Procédez ainsi pour tous les disques.

Lancez ensuite une défragmentation du disque via le bouton **Défragmenter maintenant** de l'onglet *Outils* de la fenêtre *Propriétés de disque*.

Répétez cette double opération de façon périodique. Vous pouvez même les programmer au moyen du programme **Tâches planifiées** (**Accessoires/Outils système**).

Chapitre 24

Dix outils de dépannage élémentaires

Dans ce chapitre :

- Un tournevis cruciforme, une mini-lampe et une petite clé à molette.
- L'arme ultime : le trombone à papier.
- Disquette de démarrage et CD de Windows XP.

Tout bon utilisateur d'un ordinateur doit se constituer une petite boîte à outils spécialisée.

Les outils indispensables

Tournevis cruciforme : Vous n'aurez besoin que de ce type de tournevis.

Serrez suffisamment vos vis pour qu'elles tiennent. Trop serrer peut endommager les périphériques.

Clé à six pans : Cet outil est encore plus pratique que le tournevis dans la mesure où la plupart des vis utilisées sur un PC sont à six pans. Vous trouverez partout des panoplies constituées d'un manche universel sur lequel s'adaptent différents embouts, parmi lesquels un embout pour vis cruciforme et plusieurs embouts six pans (6, 7 et 8 mm).

Privilégiez les tournevis magnétisés.

Des objets aux outils

Trombone (à papier) : Vous serez étonné de voir comment un si petit objet peut dépanner un ordinateur. Jugez plutôt :

- **Pour extraire un CD d'un lecteur bloqué.** Enfoncez la pointe du trombone à demi déplié pour pousser et faire sortir le plateau du lecteur.
- **Pour retirer un cavalier.** Une pince à becs fins est mieux adaptée, mais un trombone peut vous tirer d'affaire.
- **Pour inversion des interrupteurs DIP.** (Notez que le terme DIP signifie *Dual Inline Package*.) Ce sont de petits blocs d'inverseurs servant à configurer la carte mère, une carte d'extension ou un disque dur. Rien ne vaut un trombone pour changer la position de ces minuscules interrupteurs.

Boîte à œufs vide : Une telle boîte est plus pratique qu'une soucoupe pour entreposer les vis au fur et à mesure du démontage, d'autant que vous pouvez classer les vis dans les compartiments individuels. Certains vont jusqu'à ajouter des légendes au feutre devant chaque logement pour savoir où se placent précisément les vis.

Une lampe de poche miniature : Face à un problème matériel, rien n'est plus efficace qu'un éclairage de la zone. Mais il faut adopter une lampe de toute petite taille.

Démarrer avec le CD de Windows XP ou une disquette

TRUC

Même si le disque dur de votre machine tombe en panne, vous pouvez toujours démarrer depuis le CD de Windows XP.

Windows 95, 98 et Me savent créer une disquette de démarrage spéciale pour résoudre les gros problèmes. Voici comment la créer :

1. **Insérez une disquette vierge (ou dont le contenu ne vous est plus utile) dans le lecteur A:.**
2. **Accédez au Panneau de configuration depuis le menu Démarrer, sous-menu Paramètres.**
3. **Double-cliquez sur l'icône Ajouter/Supprimer des programmes et cliquez dans l'onglet de la page Disquette de démarrage.**

4. **Cliquez sur le bouton Créer une disquette et suivez les instructions.**

5. **Enlevez la disquette et notez sur son étiquette *Disquette système*.**

   Vous êtes ainsi paré pour le jour où la machine ne redémarre plus : retrouvez la disquette, insérez-la et redémarrez (éventuellement avec le bouton RESET).

Chapitre 25

Choses à faire et à ne pas faire

Dans ce chapitre :

- Choses à faire et à ne pas faire.
- Une seule modification à la fois !
- Faites un point de restauration avant toute évolution du système.
- Méfiez-vous de l'électricité statique.
- Ne jetez pas vos documents.
- Ne forcez pas pour insérer un composant.
- Ne courbez pas les circuits imprimés.
- Pas de hâte !
- Ne touchez pas aux entrailles des écrans et des alimentations.

Au cours des années, les techniciens des services de support technique ont établi une liste des principales choses que les utilisateurs ne devraient pas faire quand ils entreprennent de faire évoluer leur configuration matérielle. Les astuces qui suivent ont été glanées dans les centres de support téléphoniques.

Une seule modification à la fois !

Ne commettez pas l'erreur d'installer tous les composants d'un ordinateur et de l'allumer ensuite. Installez un premier composant et vérifiez qu'il a bien été accepté par votre système avant d'installer le deuxième. C'est le seul moyen d'isoler les problèmes.

Faites un point de restauration avant toute évolution du système

La fonction Restauration système de Windows est très pratique pour ramener votre système à l'état de fonctionnement antérieur. Pour cette raison, dès que vous envisagez d'installer un logiciel, un pilote ou un programme d'installation, créez préalablement un point de restauration. Donnez-lui un nom significatif du genre "avant installation carte d'acquisition vidéo".

Méfiez-vous de l'électricité statique

Les circuits intégrés craignent l'électricité statique. Pour éviter tout risque aux objets que vous manipulez, posez vos mains sur un objet métallique volumineux : dossier de chaise, canalisation d'eau, radiateur, etc. Evitez les moquettes, les tapis, les poils d'animaux ! Si vous constatez que les conditions sont franchement électriques, procurez-vous un poignet antistatique. (Les revendeurs en proposent souvent dans le rayon des extensions mémoire.)

Ne jetez pas vos documents

Conservez le carton d'origine de votre PC ! Il est en revanche inutile de conserver les petits cartons des cartes d'extension et petits périphériques.

Conservez tous vos manuels, même si vous ne les avez jamais lus. Parfois, un nouveau composant fait référence à un changement de réglage sur un composant que vous possédez depuis des années.

Ne forcez pas pour insérer un composant

Tout ce qui se trouve dans votre compatible PC est conçu pour une mise en place soigneuse. Si quelque chose n'entre pas dans le logement prévu, n'insistez pas. Réfléchissez et vérifiez avant de faire un nouvel essai.

Par exemple, lorsque vous voulez insérer un câble dans un connecteur à l'arrière du boîtier, prenez le temps d'observer le dessin que forment les broches et de comparer avec les trous de la partie femelle. Les deux semblent-ils compatibles ? Pour les connecteurs ronds ou rectangulaires, notez qu'un côté possède souvent un détrompeur, renfoncement ou bosse qui interdit l'insertion dans un sens mais pas dans l'autre. Enfoncez le connecteur doucement, bien dans l'axe, mais avec une certaine fermeté. Vous pouvez très légèrement le faire bouger autour de l'axe d'insertion tout en enfonçant.

Ne courbez pas les circuits imprimés

La plupart des composants d'un ordinateur sont soudés sur des plaques appelées *circuits imprimés*, généralement en fibre de verre.

ATTENTION !

Ne pliez jamais un circuit imprimé ! Vous risquez de faire lâcher une des nombreuses microsoudures qui fixent les composants. Le dégât restera invisible, mais une liaison électrique sera rompue et la carte sera hors service.

Pas de hâte !

Ne montez jamais un ordinateur ou des périphériques dans la précipitation. Vous augmentez les risques de briser quelque chose, ce qui vous énervera encore davantage. De plus, ne commencez jamais une installation un vendredi après-midi. La plupart des services de support technique sont fermés le week-end.

Ne touchez pas aux entrailles des écrans et des alimentations

Vous ne pouvez rien réparer dans un écran ni dans une alimentation. Notez d'ailleurs que l'alimentation comporte de gros condensateurs qui contiennent toujours du courant, même une fois l'alimentation débranchée.

ATTENTION !

N'essayez pas d'ouvrir votre écran (très haute tension) ni votre alimentation secteur ! Vous pourriez prendre une décharge mémorable ou, pis, suffisante pour qu'il ne reste que le souvenir de votre impétuosité.

Index

D

E

T

U

V

Titre	ISBN	Code
SQL Poche pour les nuls	2-84427-376-9	65 3461 4
Unix Poche pour les Nuls	2-84427-318-1	65 3360 8
Utiliser un scanner Poche pour les Nuls	2-84427-463-3	65 3612 2
VBA Poche pour les Nuls	2-84427-378-5	65 3463 0
Vidéo numérique Poche pour les nuls (la)	2-84427-396-3	65 3493 7
Visual Basic .net Poche pour les Nuls	2-84427-336-X	65 3386 3
Visual Basic 6 Poche pour les Nuls	2-84427-256-8	65 3300 4
Windows 98 Poche pour les Nuls	2-84427-460-9	65 3609 8
Windows Me Poche pour les Nuls	2-84427-937-6	65 3199 0
Windows XP Poche pour les Nuls (2e éd.)	2-84427-398-X	65 3523 1
Word 2000 Poche pour les Nuls	2-84427-965-1	65 3230 3
Word 2002 Poche Pour les Nuls	2-84427-257-6	65 3301 2